跟任何人都能交朋友

会说话，会聊天，会做人
想认识谁就认识谁

叶舟 ◆ 著

ANYBODY CAN BE YOUR FRIEND

江西人民出版社

图书在版编目（CIP）数据

跟任何人都能交朋友 / 叶舟著. -- 南昌：江西人民出版社，2016.8

ISBN 978-7-210-08505-8

Ⅰ．①跟… Ⅱ．①叶… Ⅲ．①心理交往－通俗读物 Ⅳ．①C912.1-49

中国版本图书馆CIP数据核字(2016)第110468号

跟任何人都能交朋友

叶舟 / 著

责任编辑 / 邓丽红

出版发行 / 江西人民出版社

印刷 / 固安县保利达印务有限公司

版次 / 2016年8月第1版

2017年9月第2次印刷

710毫米×960毫米　1/16　14.25印张

字数 / 100千字

ISBN 978-7-210-08505-8

定价 / 32.80元

赣版权登字-01-2016-326

版权所有　侵权必究

如有质量问题，请寄回印厂调换。联系电话：010-64926437

前 言

爱因斯坦说:"物理很单纯,人际关系很复杂。"

戴尔·卡耐基说:"一个人成功的因素,归纳起来15%得益于他的专业知识,85%得益于良好的社交能力。"

现实中,我们每个人都不可避免地要与各种各样的人打交道,而社交就是展示个人魅力的重要方面。一个人可能要和重要人物交谈,在公开场合发表你的观点,或者出现在谈判、酒会、晚宴等各种社交场所。但是,很多人却总是不由自主地退却,要么就是硬着头皮去了,但是因表现欠佳或者失态,很多好的机会白白溜走。于是你懊恼、后悔,可当下一个机会出现的时候,你又开始胆怯、犹豫、心慌、手颤,久而久之,自信心在一次次窘态中消耗殆尽。这就是我们通常所说的社交恐惧症。特别对于许多刚离开家门步入社会的年轻人来说,结交新的朋友,融入他人的社交圈子是一种心理上的挑战。一开始总有一些手足无措的感觉,不知道怎样做才能和大家打成一片,但是社交又是不可避免的。现代社会,不再是一个单打独斗的时代,一个人要想生存和发展下去,就必须进行各种各样的社会交往。它是人的社会性的要求,是人的本质的体现。

人的社交能力并不是生来就有的,而是在后天环境熏陶和有意识的培养下产生的。

　　一位来自一个很偏僻的地方的青年人，有一次他在学校里听到一个专家的讲座后，非常喜欢。于是想趁着假期专门去拜访那位专家，却苦于无法合情合理地接近他。有一天，他正在商店里买东西，看见老专家也在采购，于是主动走上前去帮他拿东西。趁着这个机会，他向老教授表达了自己的想法，没想到老教授居然答应了他。三个月后，他成为老教授唯一的贴身助手。凭借自己的广泛而深厚的人际关系，老教授把他介绍给了许多行业内的顶尖人物，他也迅速拥有了自己的人脉，而且其中大多数人是行业领军人物。

　　试想要是这位青年人，如果只知道闭门造车，没有主动接近专家的意愿，没有把握住那个千载难逢的机会，那么他就不会有日后那么广泛的人际关系，他就有可能在成功的路上还要走很多弯路。

　　成功的事业离不开社交，美满的生活同样离不开社交。要想在社交中游刃有余，做到人见人爱，除了提高自身素质外，还必须掌握一些社交技巧。《跟任何人都能交朋友》一书，正是要教你一些成功社交的小窍门，告诉你怎样与人打交道、交朋友。不仅要有良好的心态、形象、礼仪、口才，而且还要知己知彼，投其所好。书中还有很多典型事例和小故事，深入浅出，通俗易懂，同时又很有启发性。读完此书，你定能学到很多有用的东西，相信对你会有所帮助，会让你的事业越来越顺，业绩越来越好，挚友越来越多，人脉越来越广！

目 录
contents

第一章 重视外在形象，形象是与人相处的脸面

第一印象至关重要，一秒定乾坤 / 002

学会包装自己，不要自毁前程 / 004

六步打造良好第一印象 / 006

逢人三分笑，微笑常挂在脸上 / 008

打造良好外形的基本要求 / 012

良好的形象需要仪态来增色 / 015

穿衣有讲究，不可不知的着装原则 / 024

第二章 修炼内在，与人不麻烦相处的品质

人格魅力是一个人的精神长相 / 028

诚实是美德，也是赢得人心的法宝 / 030

学会宽容，要有海纳百川的胸襟 / 033

给人留下有亲和力的印象 / 036

性格开朗让人容易接近 / 039

有自信的人大家都喜欢 / 040

做一个正直的人 / 043

坚强的意志能让更多的人跟随着你 / 045

人际交往中要尊重他人 / 048

与人为善，善待他人 / 050

谦虚的人在社交中受欢迎 / 052

勇于认错，有责任有担当 / 054

第三章 礼多人不怪，礼节不到会惹麻烦上身

"请"字当先好办事 / 058

礼多人不怪 / 059

对朋友客套适可而止 / 061

仪表也是一种礼貌 / 064

"豪爽"不等于"粗俗" / 066

小关心大温暖 / 069

记住并利用对方的名字 / 071

以友善争取信任 / 073

第四章　会说话嘴巴甜如蜜，与人相处说话当谨慎

多说"我们"拉近距离 / 080

获得对方好感的说话技巧 / 081

难听的话幽默着说谁都喜欢 / 084

常给朋友圈点赞 / 088

顺情说好话，耿直讨人嫌 / 089

背后说好话，远比当面恭维好 / 091

把握好尺度，赞美如煲汤火候很重要 / 092

赞美对方不常被提起的优点 / 095

要发自内心的赞美他人 / 098

即使奉承也要坦诚得体 / 101

不要给赞赏打折扣 / 103

聊天要聊让人感兴趣的话题 / 105

场面话，会说更要会听 / 107

从对方引以为傲之事谈起 / 110

要倾听他人而不是倾吐自己 / 111

第五章　不逞一时口舌之快，不主动惹麻烦上身

争执不下时不妨沉默不语 / 116

让对方发泄情绪，不压制麻烦，麻烦自消 / 118

说服对方先要解除其心理武装 / 119

棘手的问题不妨采用"积极的鼓励法" / 122

意见不合时，谨慎表态 / 125

注意语气，讨论不等于争吵 / 128

苛责于人，为众所弃 / 129

变"命令"为公意，使人心悦诚服 / 131

用"忠告"来说服对方 / 132

得饶人处且饶人的原则 / 134

给对方留条后路 / 137

第六章　懂点人情世故，内方外圆处处受欢迎

能方能圆，所向无敌 / 142

以方做事，以圆做人 / 144

严于律己，宽以待人 / 148

用好方圆一路畅通 / 150

圆才会通 / 151

大事讲原则，小事会变通 / 152

抓住"内外"巧"方圆" / 156

圆场也要会"圆" / 161

第七章　人际关系浅点就好，不要见人就掏心掏肺

对人对事不要太认真 / 168

学会"装"，藏住心思 / 170

交浅不可言深 / 174

适度距离才有"美" / 178

事无不可对人言，逢人只能说三分 / 181

办公室里的"友谊尺度" / 183

好朋友也要把握一个"度"字 / 185

与人交朋友，不可不防"小人" / 187

第八章　人际交往有雷区，不要犯了大忌

忌当着矮子说矮话 / 192

忌讳经济往来糊涂账 / 196

忌为所欲为，不讲礼节 / 198

忌讳斤斤计较的行为 / 201

忌"哪壶不开提哪壶" / 204

忌任意交朋结友，没有防人之心 / 206

忌"人怕出名猪怕壮" / 212

忌揭人短，顾全对方面子 / 215

第一章

重视外在形象，
　形象是与人相处的脸面

西方学者雅伯特·马伯蓝比教授研究出的"7／38／55"定律，旁人对你的观感，只有7%取决于你谈话的真正内容；而有38%在于辅助表达这些话的方法，也就是口气、手势等；却有高达55%决定于你的外表，可见外在形象是你与外界沟通的桥梁，也是与人相处的脸面。

第一印象至关重要，一秒定乾坤

在与人交往的过程中，所得到的有关对方的最初印象称为第一印象。第一印象主要是根据对方的表情、姿态、身体、仪表和服饰等形成的印象。虽然第一印象留给别人的印象很短暂，但它经常会给你的生活带来深远的影响。

第一印象在日常生活中是很普遍的，这种初次获得的印象往往是今后交往的依据。

通常，一个人留给别人的第一印象是很难被改变的。之所以第一印象很难被改变，是因为人们在认知过程开始阶段的印象会一直存在，并会影响后期的印象判断。举个生活中常见的例子你就很容易明白了。如果第一印象好的人获得了成功，那么通常会被人认为是有能力；如果第一印象不好的人获得了成功，则会被认为是耍了什么手段才达到目的的。

心理学家研究发现，人们的第一印象形成是非常短暂的，有人认为是见面的前40秒，有人甚至认为是前3秒，在一眨眼的工夫，人们就已经对你盖棺定论了。有时就是这几秒钟会决定一个人的命运。因为在生活节奏紧张的现代社会，很少有人会愿意花更多时间去深入了解、洞察一个留给他不美好第一印象的人。大部分人与人交往办事都依赖于第一印象的信息，而这个第一印象的形成对于日后的发展起着非常大的作用。毫不夸张地说，第一印象就是效率，就是经济效益。它比第二、第三次的印象和日后的了解更重要。第一印象的好与坏几乎可以决定人们是否能够继续交往。

美国勃依斯公司总裁海罗德说："大部分人没有时间去了解你，所以他们对你的第一印象是非常重要的。如果你给人的第一印象好，你才有可能开始第二步，如果你留下一个不良的第一印象，很多情况下，我们会相信第一印象基本上准确无误。对于寻求商机的人，一个糟糕的第一印象，就失去潜在的合作机会，这种案例数不胜数。你必须花费更多的时间才能够抹去糟糕的第一印象。"尽管有时第一印象并不完全准确，但是正如中国的俗语"先入为主"，第一印象的建立如同在一张白纸上用墨水笔写字，写下了就难以再抹去。不管人们愿意与否，第一印象总会在以后的决策时，在人的感觉和理性的分析中占据主导作用。

人们总是习惯于对第一印象的信任，而忽视后来的表现。尽管我们理直气壮地讲："不要以书的封面来判断其内容。"但是不可否认，绝大多数的人都在这么做，包括我们自己。别人在根据我们的外表和举动判断我们所包含的内容；我们也通过观察别人的外表，包括长相、身材、服装、言语、声调、动作等来判断他们。

心理学家发现，当我们走进一个陌生的环境，人们靠直觉对你进行至少十条总结：你的经济条件、教育背景、社会背景、你的精明老练度、你的可信度、婚姻与否、家庭出身背景、成功的可能性、年龄、艺术修养等等。常听人讲："一看他就知道他是一个什么样的人"，这就是第一印象。这所谓"一看"，无非只有几秒钟的时间，而这几秒钟就可以让人们判断你的生活历史，预期你的未来发展。

学会包装自己，不要自毁前程

也许你还不知道，你只有10秒钟的时间给别人留下自己的第一印象。你会认为这不公平，你想别人应该认识真实的你。这也许不公平，但却是不可改变的事实。根据西方学者雅伯特·马伯蓝比教授研究出的"7／38／55"定律，旁人对你的观感，只有7%取决于你谈话的真正内容；而有38%在于辅助表达这些话的方法，也就是口气、手势等，却有高达55%决定于你的外表，可见外在形象是内在与外界沟通的桥梁。因此，我们要学会包装自己，不要自毁前程。

1962年，在英国伦敦一个著名贵族举办的豪华宴会上，一名中年男子出尽了风头，他优雅的举止、迷人的言谈，不但令在场的所有女士都对他仰慕不已，而且所有男士也对他抱着极大的兴趣和好感。人们私下里纷纷相互打听，都想认识他，并和他成为朋友，而那位男子，在这次宴会上也收获颇丰，不仅签下了40多单生意，还找到了他的终身伴侣。

这名男子就是英国著名的房地产新秀柯马·伊鲁斯。

他凭借自己优秀的形象，征服了整个伦敦的上流社会，随后，金钱和好运向他滚滚涌来。

其实在12年前，柯马·伊鲁斯就来过伦敦，并出席了一个由商会举办的小型聚会。

那时的柯马·伊鲁斯还是个小人物，开了一家小水泥厂，整天勤奋地忙来忙去，根本无暇顾及自己的形象。为了扩大生意，他千方百计弄到了一张商行聚会的邀请信，想混进去多结一些人际关系。可一进入聚会大厅，他就立即知道自己走错了地方。大厅装饰得金碧辉煌，男士们个个西装革履、彬彬有礼，女士们个个华衣锦服、温文尔雅，柯马·伊鲁斯低头看看自己，一身满是补丁且有着厚厚油腻的工作服，大胶鞋，乱发，简直像个乞丐。这时几位女士过来了，故意将酒洒在他身上，并趾高气扬地给他小费。侍从过来询问他，他讲明自己的身份，可是没人相信，他拉一个认识他的人作证时，那个人不承认认识他，而说他是路边的鞋匠，于是他被当成混进来的鞋匠给赶了出来。

怒火过去之后，柯马·伊鲁斯开始考虑自己为什么会受到这种待遇。自然，凭他的头脑，一下子就想明白了。

他回到家乡后的第一件事就是参加了一个礼仪培训班，并高薪聘请了私人形象顾问。

不要成天只知道忙于工作，而忽视了自身良好形象的培养。因为良好的形象可以在事业上助你一臂之力，使你的终日劳碌能结出丰硕的果实。如果不注意自己的形象，那么很有可能，你的事业将毁于你的形象。这绝不是危言耸听！

我们应该怎样检验自己的穿着、形象呢？

检验自己的穿着是否恰当最简单的方法就是：当你站在镜子前面，第一眼看到的就是你的脸，衣服的颜色和款式都是应该突出和强化你的脸。如果第一眼看到的是你的鞋子或头发，那你就一定打扮得不对了。

然后，从头到脚审视一番，例如，脸、头发是否干净整洁，衣服是否整齐挺直。而且还要检查你的服装颜色、图案与你的肤色身材是否协调，服装的款式是否适宜，因为这不仅仅是把一套亮丽的衣服穿在身上就完事了，你还要考虑这衣服的色彩、款式是不是适合你的身材、皮肤和职业，以及你将要去的场合。

六步打造良好第一印象

怎样才能给人良好的第一印象呢？从根本上说，它离不开提高自己的文明程度和修养水平，离不开经常的心理锻炼。心理学家提出下面几条建议：

1. 显露自信和朝气蓬勃的精神面貌

自信是人们对自己才干、能力、知识素质、性格修养，以及健康状况、相貌等的一种自我认同和自我肯定。心理学家指出，一个人要是走路时步履坚定，与人交谈时谈吐得体，说话时双目有神，目光正视对方，善用眼神交流，就会给人自信、可靠、积极向上的感觉。

2. 衣着仪表得体

有些人习惯于不修边幅。这本来属于个人私事，不过在一个新环境里，别人对你还不完全了解，过分随便有可能引起误解，产生不良的第一印象。美国有学者发现，职业形象较好的人，其工作初期的薪金比不大注意形象的人要高出8%～20%。当然，衣着仪表得体并不是非要用名牌服饰包装自己，更不是过分地修饰，因为这样反而给人一种油头粉面和轻浮浅薄的印象。

3. 言行举止讲究文明礼貌

比如，注意语言表达简明扼要，不乱用词语；别人讲话时，不随便打断；不追问自己不必知道或别人不想回答的事情，这会给别人恶劣的印象。

4. 讲信用，守时间

凡是应允的事，要努力办到。自己觉得办不好的事情，即使不便当面拒绝，讲话也要留有余地。为了讨好别人，明明办不到的事情也包揽下来，只会弄巧成拙，最终引起别人不满。讲信用还包括遵守时间，无论赴约、开会，都不要迟到。否则，也会给人做事不讲信用的感觉。

5. 待人不卑不亢

不亢，就是不骄傲自大。不卑，就是不卑躬屈膝，不做出讨好、巴结别人的姿态。前者会引起别人反感，后者则有损自己人格。尤其在参加面试时，更不宜因为渴望得到这份工作表现出谄媚主考人的样子。

6. 与对方同步化

调整你的身体姿势和语音语调，使之适应新朋友，因为人们都会被和自己相似的人所吸引。当你以对方的速度来说话时，他们自然会有反应。当新朋友点头或摇头的时候，你也学着做，立刻就能建立和睦的关系。

逢人三分笑，微笑常挂在脸上

一位诗人说："我最喜欢的一朵花是开在别人脸上的。"

微笑就是盛开在人们脸上的花朵，微笑是升起在人们心中的太阳，是一个人能够献给渴望爱的人的高贵礼物。当你把这种礼物奉献给别人的时候，你就能赢得友谊，还可以赢得财富。

西班牙内战时，一军官被俘。在即将被处死的前夜，他掏出仅有的半截香烟，想吸上几口缓解临死前的恐惧，却没有火。在他再三请求之下，看守总算毫无表情地掏出火柴，划着火。当四目相对时，军官不由得向士兵送上了一丝微笑。令人惊奇的是，那士兵在几秒钟的发愣后，嘴角也不太自然地向上翘了，最后竟也露出了微笑。后来两人开始交谈，谈到了各自的故乡，各自的妻子……最后，那士兵竟然动了感情，悄悄放了他。

西方一位心理学家做过微笑训练的实验，要求参加者每天坚持对人微笑。一个月后，有人感激地说："我每天坚持这样做。刚开始时，大家感到惊讶，后来习惯了。这个月我在家庭中得到的快乐，比过去一年中得到的还多。现在我已养成习惯，而且我发现人人对我微笑，以前对我冷若冰霜的人现在也热情起来了。"

你瞧，多么奇妙的笑啊！它可以沟通心灵，融洽关系，能驱走阴冷，使你的生活充满阳光。

小梅一家住了十几年的平房，今年夏天终于要搬到高楼里住了。"去看看新家！"尽管那是座旧楼，小梅仍然掩饰不住心中的美意。一脚踏进闷热的电梯间，小梅的高兴劲儿减少了一半：

一张伤痕累累的桌子将电梯间一分为二，桌子后的高椅子上坐着一位40多岁的冷面电梯员。看着那张冷脸，小梅另一半的高兴劲儿也消失无踪，顿时感到气温似乎在零下。

"几层？"电梯员冷冷地问。

"9层，"小梅想缓和一下气氛，赶紧利用平时人际关系的功底露出一个微笑，"阿姨，您的工作挺辛苦的，这么热的电梯间。"

"可不是吗？"电梯员冰冷的脸开始融化，"这么小的地儿，就这么个小电扇，一坐就是6小时……姑娘，9层已经到了。"电梯员竟然微笑着提醒她。

小梅忽然发现自己的心情又好起来了，看来，一个微笑再加上一声问候就像一股暖流，瞬间就可以沟通人与人之间陌生的心灵。

后来乘电梯时，小梅和开电梯的师傅聊得更多了，更亲切了。一天，小梅同几个装修工带着木料来到电梯前，一比画，木料放不进去。

"小梅，来，把我的桌子和椅子搬出去，你再把木料一斜，就能放进来了。"电梯阿姨看来很有经验，果然一切顺利。

木料运送如此之快，邻居禁不住问小梅："你们是怎么把木料运上来的？"

"电梯呀。""啊？我们同样的木料，电梯员说：'这个太长了，电梯里放不下，你们走楼梯！'9层啊，我们一层层地扛上来的！"

小梅心里知道这是怎么回事，一张冰冷的脸需要用微笑和温暖的问候来融化。

从此以后，小梅在单位见人就微笑，打招呼、问候，小梅的人缘也就越来越好，用一句时髦的话说是"人气急升"，而这一切都归功于微笑。

现在的社会，竞争愈来愈激烈，生活节奏越来越快，人们只顾着忙乎自己的事，已经很少关心别人了。这种情况下，人们的内心深处更需要别人的理解和关怀，此时，给他们一声问候和一点关心，满足了他们情感上的需求，他们就会用热情来回报你。

为什么小小的微笑在人际交往中有如此大的威力？原因就在于这微笑背后传达的信息是："你很受欢迎，我喜欢你，你使我快乐，我很高兴见到你。"请问，谁不喜欢这样的信息？

对我们每一个人来说，微笑轻而易举，却能照亮所有看到它的人，像穿过乌云的太阳，带给人们温暖。让我们微笑吧，微笑着面对生活，面对周围的人。

每天早晨上班前对你的家人微笑，她们就会在幸福中盼着你的归来；上班时向门卫微笑着点个头，他会友善地还你一个欣赏和尊敬的微笑。

每天遇到同事主动微笑，打个招呼，你也会人气急升。

开车并线时，摇下车窗，向后面司机点个头，微笑一下，还有人会不让你吗？

餐厅里吃饭时，服务小姐倒完茶后，微笑着对她说声："谢谢你，茶倒得真好。"尽管那是她应该做的工作，可是，她会觉得你的微笑和问候是额外的奖赏。

当你每一次奉献出微笑的时候，你就在人类幸福的总量中增加了一分，而这微笑的光芒也会回照到你的脸上，给你带来方便、快乐和美好的回忆，何乐而不为呢？

打造良好外形的基本要求

科学研究的结果表明,个人感受到的对方仪表的魅力同希望再次与之见面的相关系数远远高于个性、兴趣等同等的相关系数。因此注重仪表,塑造出自己最佳的形象是商务人员必须认真做到的。总的来说,塑造良好的个人形象应做到以下几方面。

1. 保持仪表整洁

要求仪表仪容干净、整洁,就是要做到无异味、无异物,坚持不懈地做好仪容细节的修饰工作。

干净、整洁是个人礼仪的最基本要求。这里包括面容、头发、脖颈与耳朵、手、服饰等方面的整洁。面容看上去应当润泽光洁;耳朵、脖子应当干干净净。不要小看这一点,面部是一个人最突出的代表部分。面容是否洁净,皮肤是否保养得当,看上去是有生气、有光泽,还是灰暗、死气沉沉,都直接关系到他人对你的印象。一个有教养的人,绝不会是那种不修边幅、蓬头垢面的人。

头发没有像面容那样受人重视,但假如你希望改善自己的形象,就应把头发作为重要环节来考虑。头发松软亮泽,加上整齐的发型梳理,衬出光洁的面容,才能展现你良好的素养和气质。注意不要让你的上衣和肩背上落有头皮屑和掉落的头发,因为那样就会给人一种不整洁的感觉。

有了光洁的面容，整齐的头发，还要注意手的清洁。如果伸出的一双手很脏，那美好的印象一下子就被打破了。在人的仪表中，手占有重要的位置。一个仪表风度不凡的人，绝不会长着又黑又长的指甲。一般来说，男性不宜留长指甲，女性如果留长指甲，一定要修剪整齐，并保持洁净。

2. 注意重要的细节

口腔卫生也是个人仪表仪容整洁的重要内容之一，主要应注意口中有无异味即口臭。与人交谈时，如口中散发出难闻的气味，便会使对方很不愉快，自己也很难堪。通常情况下，口腔异味多为口腔疾病或不注意口腔卫生引起的，也可能是由身体内部疾病引起的，有时吃了葱、蒜、韭菜等食物，也会产生强烈异味。口臭会使一个人美好的形象大打折扣，因此，应查明原因及早治疗。同时，早晚刷牙，饭后漱口，多吃清淡食物，多喝水，也是很重要的。如果吃了味道强烈的食物，可在口内嚼一点茶叶、红枣或花生，以帮助清除异味，必要时可以用嚼口香糖的办法来减少口腔异味。但还要注意，正式交际场合中，在别人面前大嚼口香糖是不礼貌的行为。

身体异味是令人反感的。如果有狐臭的毛病，应及时治疗，经常洗澡，勤换内衣，可以减小或防止身体异味。

服饰穿戴在任何情况下都应保持干净整齐。注意衣领袖口或其他地方有无污渍。服装应是平整无皱折的，扣子齐全，不能有开线的地方。内衣外衣都应勤洗勤换，保持洁净状态。此外，对鞋袜要像对衣服一样重视，不能身上漂亮而鞋袜污脏。皮鞋应保持鞋面光亮。有人说，"三分衣服七分鞋"，可见干净整洁的鞋在仪表中的重要性。

3. 做到简约、大方

要求仪表仪容简约，就是在整理、修饰仪表仪容时，要力戒雕琢，不搞烦琐，力求简练、明快、方便、朴素。要求端庄大方，就是要求端庄、斯文、雅气，而不花哨、轻浮、小气。

修剪头发时，对于男性来讲，应当求短忌长；对于女性来讲，则不提倡留披肩发。偏爱披肩发者，在工作岗位上有必要将它暂时盘束起来。如果染发，颜色宜与本身发色相近。

修剪指甲，总的要求是忌长。除了必要的指甲保养，不宜做过于张扬的彩绘。

切记"修饰避人"的原则。在进行仪表仪容修饰、整理时，务必要自觉回避他人，以示对己对人的尊重。女士需补妆时，应到洗手间内进行。

男士不化妆，以修面、理发为主，但也可少量用护肤霜、香水等；女士要以淡妆为主，达到容貌端庄自然、健康的效果。

根据着装、自身特点、场合需要，选择佩戴饰品。佩戴饰品时应符合佩戴要求，以点缀为主。

在人际交往中，人的外表形象往往会起潜移默化的微妙作用。仪表美是心灵美的体现，仪表美是对生活的热爱，是对社会和他人的尊重。端庄、美好、整洁的仪表，能使对方产生好感，从而有益于商业活动的开展。

良好的形象需要仪态来增色

仪态是指人在行为中的姿势和风度。姿势是指身体所呈现的样子；风度则是属于内在气质的外化。一个人的一举一动、一笑一颦、站立的姿势、走路的步态、说话的声音、对人的态度、面部的表情等都能反映出一个人仪态美不美。而这种美又恰恰是一个人的内在品质、知识能力、修养等方面的真实外露。仪态美要求做到自然、文明、稳重、美观、大方、优雅、敬人的原则。

1. 手姿美

手姿，又叫手势。由于手是人体最灵活的一个部分，所以手姿是体语中最丰富、最具有表现力的传播媒介，做的得体适度，会在交际中起到锦上添花的作用。适当地运用手势，可以增强感情的表达。古罗马政治家西塞罗曾说："一切心理活动都伴有指手画脚等动作。手势恰如人体的一种语言。这种语言甚至连野蛮人都能理解。"作为仪态的重要组成部分，手势应该正确地使用。

谈话时，手势不宜过多，动作不宜过大，更不能手舞足蹈。传达信息时，手应保持静态，给人稳重之感。拍拍打打、推推搡搡，抚摸对方或勾肩搭背，依偎在别人的身体上等行为，会让别人反感，也是不符合礼仪的行为。

不能用食指指点别人，更不要用拇指指自己。一般认为，掌心向上的手势有一种诚恳、尊重他人的含义；掌心向下的手势意味着不够坦率、缺乏诚意等；攥紧拳头暗示进攻和自卫，也表示愤怒；伸出手指来指点，是要引起他人的注意，含有教训人的意味。因此，在引路、指示方向等时，应注意手指自然并拢，掌心向上，以肘关节为支点，指示目标，切忌伸出食指来指点。在谈话中说到自己时，可以把手掌放在胸口上；说到别人时，一般应用掌心向上，手指并拢伸展开进行表示。

接物时，两臂适当内合，自然将手伸出，两手持物，五指并拢，将东西拿稳，同时点头致意或道声谢谢。递物时，双手拿物品在胸前递出，并使物体的正面对着接物的一方，递笔、刀剪之类尖利的物品时需将尖头朝向自己，摆在手中，而不要指向对方，不可单手递物。

2. 站姿美

站立是人们生活交往中的一种最基本的仪态。"站如松"是说人的站立姿势要像松树一样端直挺拔。正确健美的站姿会给人以挺拔笔直、舒展大方、精力充沛、积极向上的印象。

站姿的基本要领是：两脚跟相靠，脚尖分开成 45～60 度，身体重心放在两脚上。两腿并拢立直，腰背挺直，挺胸收腹。抬头挺直脖颈，双目向前平视，嘴唇微闭，面带微笑，微收下颌。站立时要注意：端正直立，不要无精打采、耸肩勾背、东倒西歪，不要倚靠在墙上或椅子上，在正式场合，不要将手插在裤带里或交叉在胸前。不抖腿，不摇晃身体，不东歪西靠，不要挺肚子，以免形体不雅观。由于性别方面的差异，男女的基本站姿又各有一些不尽相同的要求。对男子的要求是稳健,对女子的要求则是优美。

站姿可以随着场合进行调整。同别人交谈时,如果空着手,可双手在体后交叉,右手放在左手上。若身上背着背包,可利用背包摆出优雅的站姿。向长辈、朋友、同事问候或做介绍时,无论握手或鞠躬,双足应当并立,相距约10厘米,膝盖要挺直。等车或等人时,两足的位置可一前一后,保持45度,肌肉放松而自然,并保持身体的挺直。如果站立时间过久,可以将左脚或右脚交替后撤一步,其身体重心置于另一只脚上。但是上身仍需直挺,脚不可伸得太远,双腿不可叉开过大,尤其女性应当谨记,变换不可过于频繁。双腿交叉,即别腿,也不美观。总之,站的姿势应该是自然、轻松、优美。不论站立时摆何种姿势,只有脚的姿势及角度和手的位置在变,而身体一定要保持绝对的挺直。

在需要下蹲的时候,女士下蹲不要翘臀,上身直,略低头,双腿靠紧,曲膝下蹲,起身时应保持原样,特别穿短裙下蹲时更不要翘臀。对男士没有像对女士那样严格的要求,但也应注意动作的优雅。

3.坐姿美

对坐姿的要求是"坐如钟",即坐相要像钟那样端正稳重。端庄优美的坐姿,会给人以文雅稳重、自然大方的美感。

坐姿的基本要领是,入座时走到座位前,转身后把右脚向后撤半步,轻稳坐下,然后把右脚与左脚并齐,坐在椅上,上体自然挺直,头正,表情自然亲切，目光柔和平视，嘴微闭，两肩平正放松，两臂自然弯曲放在膝上，也可以放在椅子或沙发扶手上，掌心向下，两腿自然弯曲，两脚平落地面，起立时右脚先向后收半步然后站起。

一般来说，在正式社交场合，要求男性两腿之间可有一拳的距离，女性两腿并拢无空隙。两腿自然弯曲，两脚平落地面，不宜前伸。在日常交往场合，男性可以跷腿，但不可跷得过高或抖动；女性大腿并拢，小腿交叉，但不宜向前伸直。

就座时，也能体现出落座者有无修养。若是走向他人对面的座椅落座，可以用后退法接近属于自己的座椅，尽量不要背对自己将要与之交谈的人。为使坐姿更加正确优美，应当注意，入座要轻柔和缓，起立要端庄稳重，不可弄得座椅乱响。就座时不可以扭扭歪歪，两腿过于叉开，不可以高跷起二郎腿。若跷腿时，悬空的脚尖应向下，切忌脚尖朝天。坐下后不要随意挪动椅子，腿脚不停地抖动。女士着裙装入座时，应用手将裙装稍稍拢一下，不要坐下后再站起来整理衣服。正式场合与人会面交谈时，身子要适当前倾，10 分钟左右，不可松懈，不可以一开始就全身靠在椅背上，显得体态松弛。就座时，不可坐满椅子，但也不要为了表示过分谦虚，故意坐在边沿上。坐势的深浅应根据腿的长短和椅子的高矮来决定，一般不应坐满椅面的 2/3 以上。当然，去拜访长辈、上司、贵宾时，自然不宜在落座后坐满座位。

若是只坐座椅的 1/2，那么对对方的敬意无形中溢于言表。这是利用坐姿来表示对他人的敬意的重要做法。坐沙发时，因座位较低，也要注意两只脚摆放的姿势，双脚侧放或稍加叠放较为合适。避免一直前伸，要控制住自己的身体，否则身体下滑形成斜身埋在沙发里，显得懒散。更不宜把头仰到沙发背后去，把小腹挺起来。这种坐相显得很放肆，又极不雅观。坐在椅子上同左或右方客人谈话时不要只扭头，应尽量侧坐，上体与腿同时协调地转向客人一侧。

座位高低不同时，坐姿也有不同要求。

低座位：轻轻坐下，臀部后面距座椅背约2厘米，背部靠座椅靠背。如果穿的是高跟鞋，坐在低座位上，膝盖会高出腰部，应当并拢两腿，使膝盖平行靠紧，然后将膝盖偏向对话者，偏的角度应根据座位高低来定，但以大腿和上半身构成直角为标准。

较高的座位：上身仍然要正直，可以跷大腿。其方法是将左腿微向右倾，右大腿放在左大腿上，脚尖朝向地面，切忌右脚尖朝天。

座位不高也不低：两脚尽量向后左方，让大腿和你的上半身成90度以上角度，两膝并拢，再把右脚从左脚外侧伸出，使两脚外侧相靠，这样不但优雅，而且显得文静而优美。无论何种坐姿，上身都要保持端正。

端坐时应注意，双手不宜插进两腿间或两腿下，而"4"字形的叠腿方式，或是用手把叠起的腿扣住的方式，则是绝对禁止的。有失优雅风度的坐姿，如把脚藏在座椅下，甚至用脚勾着座椅的腿，这都是非礼的举动，均属避免之列。

4. 走姿美

对走姿的要求是"行如风",即走起路来像风一样轻盈。当然,不同情况对行走的要求是不同的。一般来说,标准的行走姿势,要以端正的站立姿势为基础。

基本要领是双目向前平视,面带微笑收下颌。上身挺直,头正、挺胸收腹,重心稍前倾。手臂伸直放松,手指自然弯曲,摆动时要以肩关节为轴,上臂带动前臂向前,手臂要摆直线,肘关节略屈,前臂不要向上甩动,向后摆动时,手臂外开不超过30度。前后摆动的幅度为30～40厘米。

走路时姿势美不美,是由步度和步位决定的。步度,是指行走时两腿之间的距离。步度一般标准是一脚踩出落地后,脚跟离未踩出一脚脚尖的距离恰好等于自己的脚长。身高超过1.75米以上的人的步度约是一脚半长。步位,是指你的脚下落到地上时的位置。走路时最好的步位是两只脚所踩的是一条直线而不是两条平行线。

走路用腰力,要有韵律感。如果走路时腰部松懈,就会有吃重的感觉,不美观;如果拖着脚走路,更显得没有朝气,十分难看。要保持优雅的步姿可以记住以下几句口诀:"以胸领动肩轴摆,提髋提膝小步迈,跟落掌接趾推送,双眼平视背放松。"走路的美感产生于下肢的频繁运动与上体稳定之间所形成的对比和谐,以及身体的平衡对称。要做到出步和落地时脚尖都正对前方,抬头挺胸,迈步向前。

走路时应注意,最忌内八字和外八字;不要弯腰驼背、歪肩晃膀;不要步子太大或太碎；走路时不要大甩手，扭腰摆臀，左顾右盼；上楼不宜低头翘臀，下楼不宜连蹦带跳；不要双腿过于弯曲，走路不成直线；不要脚蹭地面；不要双手插裤兜；多人一起行走不要排成横队；有急事要超过前面的行人，不得跑步，可以大步超过并转向被超越者致意道歉。

5. 行为举止美

举止行为体现一个人的修养。现代人应做到行为文明、举止得当。与人交谈或出席任何场合都要符合一定的标准，注意细节，才能给人留下好的印象。长期以来人们在举止方面有约定俗成的规则，基本要求是人们的言行举止在不同场合要使用得当。

礼貌举止有点头、举手、起立、鼓掌、拥抱。具体要求有如下几方面。

（1）点头。这是一种最常见的礼貌举止，经常用于与熟人打招呼。用点头来打招呼时，点头者应用眼看着对方，面部略带微笑，等对方有表示时再转向他方。点头打招呼也可以在较大的迎送场合使用，当迎送者较多或距离较远时可以用点头表示敬意，也可以点头和握手配合使用。

（2）举手。这是一种与对方较远或交臂而过时间仓促时的打招呼方式，也是一种常见的礼貌行为举止。由于条件所限，举手打招呼是最合适的，用这种随机的礼貌举止可以消除对方的误会，并感到与正常招呼差不多的满意。这种方式不但可以表示认出对方，而且还可以在短距离内表达你的敬意。

（3）起立。这是一种在较正式场合使用的，位卑者向位尊者表示敬意的礼貌举止。常用于集会时对报告人到场或重要来宾莅临时致敬。

（4）鼓掌。这是在社交场合表达赞许或向别人祝贺等感情的礼貌举止。正式的社交场合，重要人物出现、精彩演讲或表演结束皆可鼓掌。

（5）拥抱。这是传达亲密感情的礼貌举止。在国外，特别是欧美国家应用广泛。我国通常用于外交活动中的迎来送往场合，偶尔也用于久别重逢、误解消除等难以用语言来表达强烈感情的特殊场合。

不礼貌的举止主要有以下几种，它会影响到你的气质，一定要避免。

第一，抖动腿脚。抖动腿脚能消除紧张情绪，也适合办公室一族锻炼腿部。但在社交场合却是一种很不文明的举止，是缺乏自信心的下意识举动，而且，抖动腿脚还会带动座椅摇动影响他人，让人反感。

第二，挠头摸脑。在交谈中下意识地挠头摸脑也是一种不文明的举止。这个举动经常被人忽视不注意。这种不自然的动作既不卫生，又显示出你的拘束与怯场，会造成他人对你的轻视，认为你社交经验少。

第三，揉鼻挖耳。在公开场合，揉鼻挖耳都是不文明的举止。它不但容易给人带来感官上的刺激，而且还会让人感到你很傲慢、不懂礼貌。

另外，还要注意，在交际中，男士应表现出刚劲、强壮、英勇和威武之态，给人一种强壮的美感，而不要忸怩作态。阳刚的表现不等于粗野，满口脏话，衣冠不整，不拘小节，也不是故作姿态、装腔作势，这样是"粗野"，是一种缺少教养的表现。良好的表现是要在交际中自然大方、从容不迫、谈笑自如，说话和气、文雅谦逊，尊重别人。而当男士以主人的身份出现时往往是社交成败的关键。他要热情地接待每一位来访者。对来访者相见时，要热情地握手问候，分别时要礼貌道别。

在交际中女士则要表现得举止优雅得体，要表现出女性的温柔、娴静、典雅之美，动作要轻柔自如，经常面带微笑，笑容自然，使人感到亲切友善。在公开的社交场合中，女士举止应自然大方，不要忸怩作态，不要轻佻，更不可挤眉弄眼，过分地装出一副笑脸，给人的感觉就如同献媚。在青年男女共同社交场合，女子之间切忌交头接耳窃窃私语，以及发出一些使人莫名其妙的笑声。女士担任主人的职务时应注意男士的处境。当一位男士身处几位女士之中，他会感到不自然。这时女主人应主动"出击"，找出共同话题。当女士被男士邀请时，不要断然拒绝或含糊其辞，如不能赴约，应给以解释或婉言谢绝，更不可出言不逊使人难堪。

在与人来往时，除了需要避免不文明举止外，与人交谈时还应该注意交谈时双方的距离。距离过近或过远都会有失礼貌。距离过远，会使交谈者误认为不愿与之接近，有拒人千里之外的感觉；距离过近，稍有不慎就会把唾沫溅到别人脸上，或者口中或身上的异味被别人闻到，令人生厌。如果对方是异性，对距离的保持不适当，还会使之戒备或者被他人误会，特别是未婚男性与未婚女性之间。如果男性有吸烟史或口臭等口腔之疾，更要注意自己的形象，不要忘乎所以地谈论，要考虑别人的感受。那么，与人交谈时到底保持怎样的距离才算合适呢？这主要根据具体情况而定，一般礼貌距离是 0～45 厘米为亲密距离，45～120 厘米为熟人距离，120～300 厘米为社交距离；360～800 厘米为公众距离。

注重仪态的美化有四个标准：一是仪态文明，是要求仪态要显得有修养，讲礼貌，不应在异性和他人面前有粗野动作和行止；二是仪态自然，是要求仪态既要规则庄重，又要表现得大方实在，不要虚长声势，装腔作势；三是仪态美观，这是高层次的要求，它要求仪态要优雅脱俗，美观耐看，能给人留下美好的印象；四是仪态敬人，是要求力禁失敬于人的仪态，要通过良好的仪态来体现敬人之意。

穿衣有讲究，不可不知的着装原则

服装是一种无声的语言，如何着装可从一个侧面真实地传递出一个人的修养、性格、气质、爱好与追求。要使着装后的个人形象富有神韵和魅力，应遵循以下原则。

1. 整体性原则

正确的着装，能使形体、容貌等形成一个和谐的整体美。服饰的整体美构成因素是多方面的，包括人的形体和内在气质、服装饰物的款式、色彩、质地、加工技巧乃至着装的环境等等。正如培根所说，"美不在部分而在整体"，孤立地看一个事物的各个部分可能不美，但就整体看却可能显得很美。

着装的整体美是由内在美与外在美构成的。外在美是指人的形体及服饰的外在表现；内在美指人的内在精神、气质、修养及服装本身所具有的"气韵"。

2. 个性化原则

着装的个性原则不单指通常意义上的个人的性格，还包括一个人的年龄、身材、气质、爱好、职业等因素在外表上的反映所构成的个人的特点。有的人穿上崭新的服装，觉得浑身不自在，变得傻愣呆板，就因为这衣服不是他的个性表达，乃是外加的"壳"。

各式服装有自己的风格和内涵，理解服装应如同理解自身一样，就能找到适合自己穿的衣服。只有个性化的着装，才能与自己的个性和谐一致，才能烘托个性、展示个性，保持自我以别于他人。只有当服饰与个性协调时，才能更好地发挥其效应，塑造出自己的最佳形象和礼仪风貌。

3. 符合"社会角色"原则

人们的社会生活是多方面的、多层次的，在不同的社会场合，扮演不同的社会角色。在社会活动中，人们的仪表、言行必须符合他的身份、地位、社会角色，才能被人理解，被人接受。人们对商务人员的期望形象是：热情有礼，衣装整洁，洒脱端庄，精明练达，富有责任心。如果一个颇有实力的实业大亨，蓬头垢面，破衣烂衫，显得卑贱胆小，出现在众人面前，就很难让人相信他的经济实力。因此，利用得体的着装，可以满足他人对自己社会角色的期待，促成社交的成功。

第二章

修炼内在，与人不麻烦相处的品质

外在形象，会随着时间的流逝而褪色甚至会消失得无影无踪，而内在品质却是经久不衰魅力永存的。没人愿意跟品行差的人交往的，修炼与人不麻烦相处的品质吧！

人格魅力是一个人的精神长相

人格魅力是一个人心理素质和修养的外在表现，又能反映一个人的道德品质、思想感情、性格气质、学识教养、处世态度等。一个人能否为别人所接纳，是否具有人格魅力，关键是他在别人心目中的形象如何。个人形象的好坏，直接影响到与他人交往的程度。为了广泛建立良好的人际关系，展示自己的人格魅力，人们必须优化社会交往中的个人形象。如此，我们可以从以下四个方面进行探讨。

1. 谈吐幽默，言语高雅

言谈举止能直接反映出一个人是博学多识还是孤陋寡闻，是接受过良好教育还是浅薄粗鲁。一个不善言谈、沉默寡言的人很难引起众人注意。在社交中能侃侃而谈，用词高雅恰当，言之有物，对问题剖析深刻，反应敏捷，应答自如，能够简洁、准确、鲜明、生动地表达自己的思想与情感，则表现出不同凡响的气质和风度。作家于伶回忆与鲁迅先生谈话时说："鲁迅先生谈吐深刻、严密、有力而又生动活泼，句句吸住我们。渐渐谈下去，愈来愈强烈地发射出真挚的热情，又有一种严峻而强大的威力，从他瘦削的脸上透出来。"言谈能使人听得入迷，产生"听君一席话，胜读十年书"之感。然而，高雅的谈吐是无法伪装出来的。卖弄华丽的辞藻，只会显得浅薄浮夸；过于咬文嚼字，又会使人觉得酸涩难懂。交际中应做到不背后议论人，讲话注意分寸，背后表扬人。多讲他人优点，少当面批评人，指正其缺点。尤其不要油嘴滑舌，不要讲粗话。

2. 精神饱满，大方自然

在社会交往中始终保持旺盛的精力，饱满的热情，大方自然的神态，是优化个人形象的重要因素。与人交往，神采奕奕，精力充沛，显得富有自信力，便能激发对方的交往热情，活跃交往氛围。如果是萎靡不振，无精打采，则显得敷衍冷漠，使对方感到兴味索然乃至不快。一个精神饱满、大方自然的人往往会给人留下自信、乐观、进取和对生活充满热情的印象。神情倦怠、涣散或者表现出紧张拘谨、手足无措，都会给人留下缺乏社交经验、不成熟、不专注、看不起人的印象。所以，在社会交往中应始终以极大的热情关注对方，对他人所感兴趣的东西表示关注并随对方的言谈举止做出自然得体的反应。也就是说，想要别人喜欢自己，自己要先喜欢别人；要吸引对方的注意，先要注意对方。

3. 仪表整洁，衣着得体

一个人风度翩翩，俊逸潇洒，就能产生使人乐于交往的魅力。不修边幅、肮脏、邋遢的人不会吸引他人的注意。英国哲人约翰·洛克说："礼仪的目的与作用使得本来的顽梗变柔顺，使人们的脾气变温和，使他敬重别人，和别人合得来。"衣着服饰能反映一个人的审美情趣和修养。如果一个人的服饰能与自己的气质、职业一致，与自己的形体、年龄协调，与当时的气氛和场合相符，那么，这个人一定会显得更潇洒倜傥，更引人注目。

4. 举止稳重，文明雅观

举止朴素大方、温文尔雅、文明得体，坐、立、行的姿态正确雅观，能体现出一个人良好的教养，给人留下成熟可信赖的印象，粗俗不雅的举动则令人讨厌。分寸得当的交往距离使彼此心理上都感到舒适坦然，过度亲热和冷漠则容易引起对方误会。

一个人的行为举止能够做到自然、洒脱、无拘无束，除了与其社会交往经验的多少有关之外，另一方面是以其自信心为基础的。只有对自己充满信心，相信自己有能力的人，才能在社交中做到大方自然，挥洒自如。一个人的潇洒举止还来自于平时的修养，该行则行，该止则止，该坐则坐，该说则说，做事稳重而有分量，待人热情而又有分寸，礼貌而不拘小节。

优化个人形象，严格说来，是一种非规范、非格式的社交艺术。它需要我们每个人去认真揣摩和体会，不断地总结经验，逐步形成自己独特的风格和魅力。

诚实是美德，也是赢得人心的法宝

诚实是做人的准则，也是人际交往的利器。人际交往中，一旦有所选择地使用诚实，你就有可能在他人（包括戒备心很强的人）坚实的防卫盔甲上打开一个突破口，接着你就可以按照你的意愿去掌控交际的主动权。这也是获得人心的法宝。

秦末有个叫季布的人，一向说话算数，信誉非常高，许多人都同他建立起了浓厚的友情。当时甚至流传着这样的谚语："得黄金百斤，不如得季布一诺。"这就是成语"一诺千金"的由来。后来他得罪了汉高祖刘邦，被悬赏捉拿。结果他的旧日的朋友不仅不被重金所惑，而且冒着灭九族的危险来保护他，才使他免遭祸殃。

一个人诚实有信，自然得道多助，能获得大家的尊重和友谊。反过来，如果贪图一时的安逸或小便宜，而失信于朋友，表面上是得到了"实惠"，但为了这点实惠却毁了自己的声誉，而声誉相比于物质是重要得多的。所以，失信于朋友，无异于失去了西瓜捡芝麻，是得不偿失的。

隋朝有位大臣名叫皇甫绩。他三岁时父亲就去世了，母亲一个人难以维持家里的生活，就带着他回到娘家住。外公韦孝宽收养了皇甫绩，他见皇甫绩聪明伶俐，又没了父亲，因此格外疼爱他。

韦家是当地有名的大户人家，家里很富裕。由于家里上学的孩子多，外公就请了个教书先生，办了个自家学堂，当时叫私塾。皇甫绩就和表兄弟们都在自家的学堂里上学。

外公是位很严厉的老人，尤其是对他的孙辈们，更是严加管教。私塾开学的时候，就立下规矩，谁要是无故不完成作业，就按照家法重打二十戒尺。

有一天，上午上完课后，皇甫绩和他的几个表兄躲在一个已经废弃的小屋子里下棋。一贪玩，不知不觉就到了下午上课的时间。大家都忘记做教师上午留的作业。这件事被外公知道了，他把几个孙子叫到书房里，狠狠地训斥了一顿。然后按照规矩，每人重打二十戒尺。

外公看皇甫绩年龄最小，再加上没有爸爸，不忍心打他。于是，就把他叫到一边，慈祥地对他说："你还小，这次我就不罚你了。不过，以后不能再犯这样的错误。不做功课，不学好本领，将来怎么能成大事？"

皇甫绩和表兄们相处得很好，小哥哥们都很爱护他。看到小皇甫绩没有被罚，心里都很高兴。可是，小皇甫绩心里很难过，他想：我和哥哥们犯了一样的错误，耽误了功课。外公没有责罚我，这是心疼我。可是我自己不能放纵自己，应该也按照私塾塾的规矩，被重打二十戒尺。

皇甫绩就找到表兄们，求他们代外公责打自己二十戒尺。表兄们一听，都扑哧一声笑了出来。皇甫绩一本正经地说："这是私塾里的规矩，我们都向外公保证过触犯规矩甘愿受罚，不然的话就是不遵守诺言。你们都按规矩受罚了，我也不能例外。"表兄们都被皇甫绩这种信守学堂的规矩，诚心改过的精神感动了。于是，就拿出戒尺打了皇甫绩二十下。

后来皇甫绩在朝廷里做了大官，但是这种从小养成的信守诺言、勇于承认错误的品德一直没有丢，这使得他在文武百官中享有很高的声望。

匈牙利诗人裴多菲有一句名言："真诚是伪善的天敌，它能赢得所有人的心。"承诺的力量是强大的。遵守并实现你的承诺能使你在困难的时候得到真正的帮助，会使你在孤独的时候得到友情的温暖。因为你信守诺言，你的诚实可靠的形象推销了你自己，你便会在事业上、婚姻上、家庭上获得成功。

要想赢得他人的信任和尊重，就拿出你的诚意吧！你可以通过一言一行向他人暗示你的诚意，一句话、一个点头、一次握手，都可以表达你的诚意。无论你有多么直接的目的，只要多一些真诚、多一点实在，就没有人会抗拒你。人是有血有肉的动物，谁会忍心拒绝一个真诚的人呢？有效利用"真诚"，就会打开紧闭的门，踏平难走的路，登上陡峭的山……

一个真诚的举动能化解十来个错误的举动。适时地敞开心扉、选择性地诚实和慷慨能够攻破人们心中的防线，即使是那些很有疑心的人也可能放松警戒。

学会宽容，要有海纳百川的胸襟

仇恨与敌意如同一面不断增长的墙，而宽容与善良则恰似不断拓宽的路。宽容不仅是高尚者所具备的修养，更是一种处世的原则。宽容别人就是在宽容我们自己，我们在宽容别人的同时，也为自己营造了和谐的氛围，为心灵留下一点舒缓的空间。

有关实验表明，宽容有利于身心健康，消除怨恨、发怒等不良情绪。专家先让接受实验者用宽容的心态去回忆曾经一个受伤害的场面，然后再用非宽容的心态去回忆同样的场景。结果表明，接受实验者在非宽容期的平均心率从每4秒1.75次增加到每4秒2.6次，血压也随之升高了。此外，美国斯坦福大学曾经做过《斯坦福宽容计划》实验，通过实验发现，所有参加计划的人中，有70%的人受伤害感明显降低，20.3%的人表示因怨恨带来的身体不适症也有所减轻。

教育家霍姆林斯基曾经说："有时宽容引起的道德震动比惩罚更强烈。"宽容有时是一种艺术的惩戒、一种无声的教育，在帮助犯错误的人改正错误的同时，还能维护对方的自尊。在人际社会中，通过一定的暗示方法，向他人彰显自己优雅的涵养和宽阔的胸襟，不仅可以修炼自我人格、提升思想境界，还可以赢得他人的尊重，创造良好的人际关系。

古时，有一位修行极高的老禅师。一天傍晚，他在禅院里散步，发现墙角摆放着一张椅子，上面布满脚印。禅师心下明白，一定又有贪玩的小和尚翻墙出去了。他挪开椅子，一声不响地站在墙角。

过了一段时间，偷跑出去的小和尚翻墙回来、双脚落地时，发现自己刚才踩的竟然是师傅的肩膀，顿时魂飞魄散。出乎意料的是，老禅师并没有对小和尚严加斥责，而是和颜悦色地劝说道："夜深天凉，快去加件衣服，小心着凉。"小和尚这时感到羞愧难当。从那以后，他再也不翻墙出去玩儿了。

在日常生活中，难免会与其他人发生冲突。当有人在背后恶语中伤你的时候，你是想"以牙还牙"，用同样的坏话攻击他呢，还是泰然处之，保持缄默？当平日的挚友背叛你的时候，你是选择伺机报复呢，还是选择默默承受，宽容他呢？宽容是一种至高的人生境界，只有能够原谅可容之言、饶恕可容之事、包涵可容之人，才能达到这种宠辱不惊的境界，同时也为自己营造一个安宁的心境。

在美国的一家菜市里，有个中国妇人的摊位生意特别红火。邻近的几家摊贩心生嫉妒，每到收摊的时候，大家都将烂菜叶扫到她的摊位前。中国妇人见后，只是宽厚地笑笑，不但不跟他们争执，反而将垃圾扫到自己的角落里。

这时，旁边一位墨西哥妇人忍不住问道："他们都把垃圾扫到你这里，明摆着是欺负你，你为什么一点儿都不生气呢？"中国妇人笑着说："在我们国家，每到过年的时候，大家都不会往外倒垃圾。家里的垃圾越多，来年就能够挣更多的钱。你看，他们每天把垃圾扫到我这里，我的生意不是越来越好了吗？"那些嫉妒她的摊贩听后，羞愧不已。从此，他们的垃圾再也没有在她的摊前出现了。

这位中国妇人用与人为善的美德，宽恕了别人，同时也为自己创造了一个融洽的人际环境。

包容别人的错误，原谅别人的过失，自然会赢来别人的忠心与尊崇，很多矛盾与过节也能够迎刃而解。如果凡事都要斤斤计较，得理不饶人，虽然为自己挣足了面子，实际上却失去了很多宝贵的东西。生活中的磕磕碰碰，有时只需一句善意的道歉，一个真诚的笑脸，向他人暗示你的宽容、表达你的真诚，就足以让所有的矛盾烟消云散。

宽容别人就是在宽容我们自己，我们在宽容别人的同时，也为自己营造了和谐的氛围，为心灵留下一点儿舒缓的空间。

给人留下有亲和力的印象

亲和力是一种难得的个人魅力，它能唤起人们的热爱之情，并使人们愿意与之交往。

在林肯的故居里，挂着他的两张画像，一张有胡子，一张没有胡子。在画像旁边的墙上贴着一张纸，上面歪歪扭扭地写着：

亲爱的先生：

我是一个11岁的小女孩，非常希望您能当选美国总统，因此请您不要见怪我给您这样一位伟人写这封信。

如果您有一个和我一样的女儿，就请您代我向她问好。要是您不能给我回信，就请她给我写吧。我有四个哥哥，他们中有两人已决定投您的票。如果您能把胡子留起来，我就能让另外两个哥哥也选您。您的脸太瘦了，如果留起胡子就会更好看。所有女人都喜欢胡子，那时她们也会让她们的丈夫投您的票。这样，您一定会当选总统。

格雷西

1860 年 10 月 15 日

在收到小格雷西的信后，林肯立即回了一封信。

我亲爱的小妹妹：

收到你 15 日前的来信，非常高兴。我很难过，因为我没有女儿。我有三个儿子，一个 17 岁，一个 9 岁，一个 7 岁。我的家庭就是由他们和他们的妈妈组成的。关于胡子，我从来没有留过，如果我从现在起留胡子，你认为人们会不会觉得有点可笑？

忠实地祝愿你的亚·林肯

次年 2 月，当选总统的林肯在前往白宫就职途中，特地在小女孩所在的小城韦斯特菲尔德车站停了下来。他对欢迎的人群说："这里有我的一个小朋友，我的胡子就是为她留的。如果她在这儿，我要和她谈谈。她叫格雷西。"这时，小格雷西跑到林肯面前，林肯把她抱了起来，亲吻她的面颊。小格雷西高兴地抚摸他又浓又密的胡子。林肯笑着对她说："你看，我让它为你长出来了。"

这就是林肯的亲和力。亲和力让人萌发亲近的愿望。人们总是喜爱与谦和、温良的人交往。

如何具有令人着迷的亲和力？关键就是对别人要有发自内心的真诚。

对于你所想交往的人，对于希望与你合作的人，你务必获得他们的敬爱。而获得他们的敬爱，全凭你人格的魅力。要知道，一个浑身上下透出亲和力的人，与一个整天板着脸的严肃的人相比，绝大多数的人都会选择前者作为自己的交往对象。

在人际交往中，亲和力有着巨大的暗示力量，能在不知不觉中令对方对你产生亲切感，从而使你具有人际吸引力。培养并运用亲和力，会缩短你与别人之间的心理距离，从而使你更好地影响他人。

亲和力是一种强大的影响力，它既是促使情感归依的起因，又是激发人际交往的动力，它对平衡人类心理起着良好的作用。

性格开朗让人容易接近

开朗与压抑两种性格的人,在社交中的效果是截然不同的。一般来说,性格开朗的人有以下几个特征。

1. 步伐轻盈能塑造开朗印象

小孩子走路总喜欢蹦蹦跳跳的,脚步轻松明快,身轻如燕。而一个步履沉重、缓慢的人给人的感觉总是心事重重,郁郁寡欢。步伐轻快的人让你感觉轻松愉快。而事实上,步伐轻盈,心情就能保持轻松愉快。

2. 主动跟人打招呼

与人相遇,若别人主动先跟你打招呼,你心里会感觉非常舒服,有种被尊重的满足,当然,对方的心里肯定也是很愉快的。能主动先与对方打招呼的人,说明他的社交能力比较强,他能和各式各样的人交朋友,自然很少有人会对他产生不好的印象,而且容易给人一种心胸开阔、开朗大方的印象。可以说,碰面先打招呼,给人的直接印象就是性格开朗。

3. 提高打招呼的声音,强调你的开朗

一个人用微笑、点头向你打招呼,给你内向、文静的印象,而一个用几乎是喊出来的声音跟你打招呼,你会觉得他很开朗,活泼。

想要表现自己开朗性格,就要打招呼或回答问题时,声音比平常说话稍高些且有力量。

4. 衣着明快给人开朗印象

服装能表现一个人的个性，在心理学上被视为一种自我的延长。虽然人不可貌相，海水不可斗量，但通常人们会以对方的服装决定印象的好坏。而我们也可以借服装来强调自己给他人的印象。

华丽、明快的服装可充分表现出开朗的个性，灰暗色调的衣服则会带给别人阴沉的印象。如喜剧明星赵丽蓉，这位老太太经常穿着亮色调的衣服演出，戏未演就能感觉到老人开朗的个性。

因此，若要表现自己开朗的一面，就应尽量保持开朗自然的态度，同时借着明快的服饰，就一定能使精神和外表均呈现出活泼开朗的状态。

有自信的人大家都喜欢

有人说："这个世界是属于有自信的人的！自信的形象带给人的是无穷的价值。"有自信的人，大家才会更喜欢。

在任何情况下，我们必须学会"了解自己、肯定自己"，进而"改进自己"！事实上，肯定自己就是自信，这是生命中最重要的部分，若是少了它，生命就会"瘫痪"。

自信是获得成功至关重要的因素。你不必妄自尊大、言行莽撞——无声的自信同样能给人留下深刻的印象。如果你自己表现得不自信，那么其他人也不会对你有信心。不管怎样，你应该明白自己在做什么，这样别人才能理解你的做法。你会看到人们总是愿意信赖那些信心十足的人，他们有时甚至说不清为什么信赖这些人。

鉴于自信的形象对一个人的职业生涯有着巨大的作用，一些国际知名企业都很重视员工的自信。他们认为：对自己足够了解、充分自信，有这样一副好形象才能更好地发挥优势，从而获得成功。

自信能够促进你的事业，自信的人能够做得更好。下面是一些能够提高你的自信的方法：

1. 尽量挑前面的位子坐

在各种聚会或会议中，大多数人都愿意坐在后边、不太显眼的位置，避免被注意或点名叫到，而这样做的深层原因就是由于缺乏信心。实际上，坐在前面能够建立信心。因此，无论是在各种聚会或会议中，你都要尽量往前坐。

2. 自我暗示

每天睡前想一想今天有哪件事是值得骄傲的，哪怕很小的事。早上起来先对自己暗示几次："我相信自己，我非常棒！"或者，每天早上临出门前，对着镜中的自己大声说："我能行！"这样，久而久之就会建立起自信心。

3. 当众发表自己的见解

在会议中或者公共场合，很多人不愿意当众发表自己的见解。其实，这是一种不自信的表现。我们应每次都要主动发言。评论、建议或提问都可以，不要等到最后才发言。不要担心自己会显得很愚蠢，因为总会有人同意你的见解。

4. 每天都能保持甜美的笑容

每天都能保持甜美的笑容。没有信心的人，经常眼神呆滞，愁眉苦脸，而信心满满的人，则眼睛总是闪闪发亮满面春风。笑是快乐的表现，笑能使人产生信心和力量。因此，就让我们多笑一笑吧。

5. 说话时去正视别人

说话时正视别人等于告诉他：我很诚实，而且光明磊落。要让你的眼睛为你工作，就是要让你的眼神专注别人，这不但能给你信心，也能为你赢得别人的信任。

6. 要昂首挺胸

成功的人，得意的人，获得胜利的人总是昂首挺胸、意气风发。昂首挺胸是富有力量的表现，是自信的表现。因此，无论我们是得意还是失意，我们都要昂首挺胸。

其实，只要你有足够的自信，全世界的人都会认为你是最美的。摩拉斯形象公司的贝蒂·斯迪芬女士一直强调"只有心妆才能超凡"。说的就是外在的得体、恰到好处，重视的是心理素质的自我完善，包括为人处世的各个方面。爱默生也说过："人无所谓伟大或渺小，任何一个人都会由自己来主宰并且走向成功，任何一个人都有大于自身的力量，这就是你自己。"树立自信的形象吧，这样，你的人际关系才会更加顺畅，事业也会更加成功！

做一个正直的人

英国《泰晤士报》的总编西蒙·福格，每年五六月份，都要接到一堆大学的请帖，要他去做择业就业方面的演讲，因为他曾在寻找职业方面创造过神话。

那是他刚从伯明翰大学毕业的第二天，他为了寻找职业南下伦敦。走进《泰晤士报》总经理办公室，他问："你们需要编辑吗？""不需要。""记者呢？""那么排字工、校对员？""不，都不。""我们现在什么空缺都没有。""那么，你们一定需要这个了。"福格从包里掏出一块精致的牌子，上面写着："额满，暂不雇用"。

结果，福格被留了下来，做报社的宣传工作。25年后，他升至总编的位置。

这一美谈见报后，福格就成了各大学的座上宾，每年在学生毕业前给学生们做择业方面的报告。

但每次演讲，他总是避而不谈他的求职经历。他讲得最多的是一位护士的故事。

这位护士刚从学校毕业，在一家医院做实习生，实习期为一个月。在这一个月内，如果能让院方满意，她就可以正式获得这份工作；否则，就得离开。

一天，交通部门送来一位因遭遇车祸而生命垂危的人，实习护士被安排做外科手术专家——该院院长亨利教授的助手。复杂艰苦的手术从清晨进行到黄昏，眼看患者的伤口即将缝合，这位实习护士突然严肃地盯着院长说:"亨利教授,我们用的是12块纱布,可是你只取出了11块。"

"我已经全部取出来了,一切顺利,立即缝合。"院长头也不抬,不屑一顾地回答。"不,不行。"这位实习护士高声抗议道,"我记得清清楚楚,手术中我们用了12块纱布。"院长没有理睬她,命令道:"听我的,准备缝合。"这位实习护士毫不示弱,她几乎大声叫起来:"你是医生,你不能这样做。"

这时,院长冷漠的脸上才露出欣慰的笑容。他举起左手里握的第12块纱布,向所有的人宣布:"她是我最合格的助手。"

这位实习护士理所当然地获得了这份工作。

西蒙真是聪明而又用心良苦,他之所以不讲自己的经历,而说那位实习护士,是因为他非常明白,在寻找工作方面,仅有敏锐的头脑是不够的,更重要的是还要有正直的品性。小到一个单位,大到一个国家,它们真正需要的往往是后者。

所以,正直的品性总是为真正的睿智者和成功者所推崇。正直是什么?美国成功学研究专家A·戈森认为,在英语中"正直"一词的基本义指的是完整。在数学中,整数的概念表示一个数字不能被分开。同样,一个正直的人也不会把自己分成两半,他不会心口不一,想一套,说一套——因为实际上他不可能撒谎;他也不会表里不一,信一套,干一套——这样他才不会违背自己的原则。我们坚信,正是由于没有内心的矛盾,才给了一个人额外的精力和清晰的头脑,使得我们获得成功。

正直还会给一个人带来许多好处：友谊、信任、钦佩和尊重。人类之所以充满希望，其原因之一就在于人们似乎对正直具有一种近于本能的识别能力——而且不可抗拒地被吸引。

总之，言行一致是品格的脊梁。一个人必须表里如一，这就要求他行动的诚实和语言的诚实。每一个自尊和尊重他人的人，都会在行动中严格遵循这一条件。做他心中想做的事情，在自己的工作中体现高尚的品格，一丝不苟，以自己的正直和良心为骄傲。

坚强的意志能让更多的人跟随着你

"有志者，事竟成"是一句至理名言。有了决心，就可以克服前进道路上的障碍，就可以取得最后的成功。我们心想什么，就可以做成什么；相信我们能成功，我们就能成功。因此，决心就是无穷的力量。苏瓦罗的力量就在于他的意志。他总是对失败的人说："你缺乏意志。"像黎塞留和拿破仑一样，在苏瓦罗的字典里也没有"不可能"这个词。

"我不知道""我不能"和"不可能"是他最深恶痛绝的字眼。他会大喊："去学！去做！去试！"他的传记中说他给人们树立了一个光辉的榜样，同时说明勤奋努力在一个人身上所能发挥的巨大作用，而勤奋是每个人身上都有的东西呀。

世上大多数人都不是天才，他们之所以成功，是因为他们具备了成功的意志。

印度诗人泰戈尔曾经说过："像一股和顽强的岩壁进行搏斗的狂奔的激流，你应该不顾一切纵身跳进你那陌生的、不可知的命运，然后以大无畏的英勇把它完全征服，不管有多少困难向你挑战。"这就是一种挑战人生的魄力。

在最苦的工作中，更能锻炼与体现一个人的意志。在很多时候，正是因为我们的这些艰苦的精力，让我们变得越来越坚强，也越来越强大。

一直以来，迈克都希望能在阿拉斯加的一艘渔船上工作一个夏天。于是，在1942年的夏天，他签约做了阿拉斯加科地亚克的一艘32尺长的鲑鱼拖网渔船工作。在这艘船上，只有三名船员：船长负责督导，另外一个副手协助船长工作，剩下的那一个则是日常打杂的水手，通常都是北欧人，而他正是北欧人。由于鲑鱼拖网必须配合潮汐进行，因此他经常连续工作24小时。

有一次，他整整如此工作了一个星期。他做的是其他人不愿意干的工作：他洗船甲板，保养机器，还在小船舱里用一个烧木头的小火炉煮饭，小船舱里马达的热气和污浊的空气令他作呕。他还要修船，还要把鲑鱼从他们的船运到另一艘小船上，送去制罐头。他穿着长筒胶鞋，但双脚总是湿湿的。他的胶鞋里面经常有水，但他没有时间将水倒出来。但上述这些工作，跟他的主要工作比起来，只算是游戏而已。他的主要工作即是所谓的"拉网"。这个工作看起来很简单——你只要站在船尾，把渔网的浮标和边线拉上来即可——他的工作就是如此。但是，实际上，渔网太重了，当他想把它拉上来时，它却动也不动，实际上却要把船本身拉下去了。由于渔网动也不动，他只好用尽力量沿路拖着不放。他这样做了好几个星期，几乎把他累死了。他浑身疼得厉害，而且疼了好几个月。

最后，当他好不容易有时间休息时，他在一个临时凑成的柜子上铺下潮湿的被褥，然后倒头就睡，他浑身上下无处不疼，但他却熟睡得像服用了安眠药——极度的劳累就是他的安眠药。

他很高兴当初吃了那些苦头，现在一旦遭遇了困难，他不再烦恼，他反问自己："艾利克森，这会比拖网辛苦吗？"他总是回答说："不，没有事情比它更苦，于是他振作起来，勇敢地接受挑战。偶尔尝试一下痛苦是件好事，他很高兴做过世界上最辛苦的工作，使得他的所有日常问题在比较之下全变得微不足道。

的确，暂时的痛苦，可以很好地磨炼并体现一个人的意志，使他在日后的困难面前，会更振作起来，会变得更加坚强。

人际交往中要尊重他人

有一位表演大师上场前,他的弟子告诉他鞋带松了。大师点头致谢,蹲下来仔细系好。等到弟子转身离开后,他又趁弟子不注意的时候,蹲下来将鞋带解松。这个细微的动作,恰巧被一位旁观者注意到了。他非常不解,来到大师面前问:"大师,您为什么又要将鞋带解松呢?"

大师回答道:"因为我饰演的是一位劳累的旅者,长途跋涉让他的鞋带松开,可以通过这个细节表现他的劳累憔悴。"这位旁观者更是不解了,问:"那您为什么不直接告诉你的弟子呢?"

这位大师笑了笑说:"他能细心地发现我的鞋带松了,并且热心地告诉我,我一定要保护他这种热情的积极性,及时地给他鼓励……"

聪明的大师面对不明白用意的弟子提醒的"鞋带松了",体现了对他人真诚的尊重,而不是藐视甚至嘲笑弟子。

众所周知,力是相互的,同样尊重也是相互的。从小无论是父母还是老师都叮嘱我们,要想获得别人的尊重,首先就要尊重别人。现代社会处在一个生活节奏空前快捷的时代,人们的生活、工作、学习在讲究质量的同时,更追求效率。因而,人们的言行更直接、更简洁了。与此同时,人们在交往中希望得到尊重,得到重视的渴望更加强烈了。

在人际交往中,这一点更是重要。试想一下,我们面对一个陌生人时,我们态度谦虚、说话诚恳，那么，对方没有理由不尊重我们。

如果我们想得到他人的赞扬，让别人承认我们的优点，处处受人欢迎，那么我们就要学会尊重他人的优点，努力使人感到他的尊严。

在与人交往时，我们要做到尊重对方，应从以下几方面入手。

首先，从内心要有尊重他人的基本认识。现实中人确有职业、身份高低之分，但不存在人格贵贱之别。要善于根据时间、地点的变化及角色转变，做好每个角色应该做的。还要根据对方的年龄、身份等因素转变语气、语速、话题，表现出对人的尊重。

其次，从外在言行礼仪中表现对他人的尊重。在与人交往的态度上，要特别注意我们的举手投足，要从细节上让对方敏感的神经因我们的善意而放松，比如注意倾听、谦虚礼貌、实事求是，都属于尊重别人的表现。

在交往中采取什么样的态度，完全能够体现我们对别人的尊重程度。在外表上，当然要注意和场合搭配，特别是要穿着得体、整洁、干练。这不仅能够体现良好的个人修养，同时也是向对方传递一种友好、善意、尊重的信号。穿着一身得体的礼服，再加上适宜的微笑，可以想象得到，在任何场合对方都会感觉到我们带来的"扑面春风"般的友好；反之，蓬头垢面、不修边幅、轻佻之举都是不尊重人的表现。

再次，在小细节方面展示我们的尊重。守时向来是有修养、有素质的人必备的良好品质。因为如果别人准时赴约，而我们却姗姗来迟，这不仅是你对他人的不礼貌和不重视，更严重的是在浪费他人的时间，耽搁他人的事情，实在是一种不尊重他人的表现。

最后，言语要得体。一个人的外在固然重要，可是更重要的是我们的言谈所表达出的素养，这是我们的特别之处。并且，在与人交往时也要特别注意言辞的把握和运用，如别人正谈得投机，我们却频繁插话；对别人忌讳的问题，我们却打破砂锅"问"到底等，这些都是不尊重他人的表现。同时还应注意什么样的场合配合什么样的言语，如在朋友的结婚喜宴上应谈些喜庆的话题、吉利的话题。如果尽谈些令人扫兴的话，就是不尊重对方的表现。

与人为善，善待他人

有一天，子路、子贡、颜回在一起谈论待人之道。子路说："别人以善意待我，我也用善意待他；别人用不善待我，我也用不善待他。"子贡说："别人用善意待我，我也用善意待他；别人用不善待我，我就引导他向善。"颜回说："别人以善意待我，我也用善意待他；别人用不善待我，我也以善意待他。"孔子很赞成颜回的做法。

人际交往中很可能会遇到各种各样的对待，我们不能因为对方没有善待我们就产生报复的心理，而是要用自己的善意感化对方。

在19世纪中叶的一个冬季里，有一个少年流浪到了美国南加州的沃尔森小镇。冬季的小镇雨雪交加，有一家花圃旁的小道变得泥泞不堪，行人纷纷改道穿花圃而过，弄得里面一片狼藉。

少年看到这些，心里很不忍花圃被践踏，因此他便冒着雨雪看护花圃，让行人仍从那条泥泞的小路上走过。这时，一个老人挑来了一担炉渣，将那条小路铺好了，于是行人就不再从花圃中穿行了。

少年问老人为什么要给别人铺路，老人对少年说："我铺好了路，别人就不再穿行花圃，我关照了别人也就是关照了我自己。"

原来老人是这个家的主人，更巧的是，他还是这个小镇的镇长。镇长因为少年的善良而收留了他。

这个少年时时刻刻记着"关照别人就是关照自己"这句话，并且心灵受到很大震撼和启迪。他知道，关照别人虽然也需要付出，但同样能得到收获。镇长的一句话，成为这个少年终生享用不尽的巨大财富，他后来成了石油大王，他就是哈默。

表达善意要多替他人着想，站在他人的立场，别人才可能依据交互精神，同样站在我们的立场来合理地回应。大家都将心比心，交集的范围加大，彼此有共识，当然容易沟通而建立良好的人际关系。任何人凡事只想到自己而不考虑他人，必然被视为自私自利而得不到他人的支持和欢迎。

与人为善，就是要有一颗善良的心。善良作为人们最美好的品质永远闪耀着人性的光辉！一个与人为善的人总是受到人们的称赞和尊重。因为他用人格魅力征服了很多人。

是啊，与人为善，善待他人，多了一份坦然，增了一份愉悦，添加了一份好心情。如此说来，善待他人就是善待自己。

谦虚的人在社交中受欢迎

美国石油大王洛克菲勒曾说："当我从事的石油事业蒸蒸日上时，我晚上睡前总会拍拍自己的额角说：'如今你的成就还是微乎其微！以后路途仍多险阻，若稍一失足，就会前功尽弃，勿让自满的意念侵吞你的脑袋，当心！当心！'"这就是告诫人们要谦虚，不要骄傲。只有谦虚的人才能进步，才会在社交中受欢迎。

谦虚是人类的美德，对于人际交往很重要。一个人对自己应该有个客观的评价，实事求是，不贬低自己，也不抬高自己；既能坚持正确的观点，又能虚心向别人请教。谦虚的人在交际应酬场合总是有许多朋友的，只有谦虚的人才能成为社会交往中受欢迎的人。

法国哲学家洛希夫克曾这样说过："如果你想得到仇人，你就胜过对方，可是，如果想获得更多的朋友，就让对方胜过你。"

这该如何解释呢？因为当对方胜过我们时，那就满足了他的自尊感，可是，当我们胜过对方时，那就会使他有种自卑的感觉，并会引起猜疑和妒忌。

这句话可以成为我们结交他人时必须遵循的至理名言。

"胡庆余堂"是红顶商人胡雪岩毕生的心血。在战火纷飞的那个年代，无数金字招牌都未能幸免于难，而"胡庆余堂"却以胡雪岩提出的谦虚诚信支撑了下来。

一天，一位老农到"胡庆余堂"买药，微露不悦之色，还不停地抱怨。掌柜见老人是一个农夫，买的鹿茸也不多，就不耐烦地赶他走。

这一幕恰好被胡雪岩看到了。胡雪岩和颜悦色地问老人："是不是药店有什么招呼不周的地方？"

老人见胡雪岩谈吐、穿着不凡，知道是个管事的人，就说："药店的鹿茸切片放置时间太久，有些返潮，希望贵店不要提前将鹿茸切片，等有人来买时再切更好。"

掌柜一听，辩解说"胡庆余堂"卖的都是上等鹿茸，并威胁老农夫不要在店堂内胡说八道。

胡雪岩对掌柜的摆了摆手说："不要这样对老人家。"然后又对老人说："您的建议我们马上就采纳，您以后一定会买到好的鹿茸，这次的鹿茸我们不收钱，希望您下次还能到'胡庆余堂'买药。"当即下令鹿茸一概不得事先切片。

老农夫被胡雪岩的谦虚大度所感动，逢人就夸"胡庆余堂"货真价实，每次进城都会给胡雪岩送些土产，两人成了忘年交。

胡雪岩的谦和不仅没有失掉药店的声誉，反而让他赢得了老农夫对"胡庆余堂"的信任，他一生结识了很多这样的朋友。胡雪岩常对人说："我一无所有，有的只是朋友。"朋友们都非常信任胡雪岩，信任"胡庆余堂"，百年老店就是在信任中传承到如今。

谦虚的人恪守的是一种平衡关系，即令周围的人在对自己的认同上达到一种心理上的平衡，让别人不感到卑下和失落，非但如此，有时还能让别人感到高贵，感到比其他人强，即产生任何人都希望能获得的所谓优越感。

尤其是处于现在这个讲求合作的社会，一个人光靠个人力量往往是不够的，再能干的人，也有束手无策的时候。"一个好汉三个帮"，如果我们多结交一些朋友，他们就能帮我们解决很多难题，而赢得对方信任最简单可行的办法就是谦虚。

勇于认错，有责任有担当

私塾里有一个老师瞌睡特多，经常在课堂上让学生们看书或练字，而他自己则趴在讲台上鼾声大作。

有学生不服气，便去问老师："先生，为什么你要在课堂上睡觉？"

老师便对他的学生们说："我是为了在梦里去见古代的圣贤们才要睡会儿。这就像孔子梦周公一样，孔子醒来把圣人讲的话告诉弟子，我也得常去向圣贤们请教请教。"

有一天，学生们见老师又在课堂上睡着了，也合上书趴在桌子上睡。老师醒来后看见学生在睡觉，很是生气，狠狠地训斥了他们一顿。学生们理直气壮地说是学老师去见古圣先贤，和他们请教问题。

老师于是问道："那他们都对你们说了些什么？"

"我们在梦里遇见古圣先贤，就问他们，我们的先生是不是每天都来？但圣贤们却说从来没有见过您！"

老师不禁哑然。

不要为自己的过错编造任何借口，也不要把责任强加于别人的头上。既然自己都无法做到，又如何让他人心悦诚服。

一个人犯了错误并不可怕，怕的是不承认错误，不改正错误。

能坦诚地面对自己的错误，再拿出足够的勇气去承认它，面对它，不仅能弥补错误所带来的不良结果，在今后的工作中更加谨慎行事，而且别人也会很痛快地原谅你的错误。勇于承认错误，说明你是一个敢作敢为的人，这样有助于提升你的形象，在人际交往中会形成好口碑。

勇于承认自己的错误是一种大智慧和大勇敢。俗话说："智者千虑，必有一失。"一个人再聪明，再能干，也总有失败犯错误的时候，人犯了错误往往有两种态度：一种是拒不认错，找借口辩解推脱；另一种是坦诚承认错误，勇于改正，并找到解决的途径。

每个人都有犯错误的可能，关键在于你认错的态度。只要你坦率承担责任，并尽力去想办法补救，你仍然可以立于不败之地。

有些人认为错误有失自尊，面子上过不去，便害怕承担责任，害怕惩罚。与这些想象恰恰相反，勇于承认错误，你给人的印象不但不会受到损失，反而会使人尊敬你，信任你，你在别人心目中的形象反而会高大起来。

第三章

礼多人不怪，
礼节不到会惹麻烦上身

中国是一个礼仪之邦，素有"礼多人不怪"的说法。无论是亲情、友情还是爱情，都需要用礼仪来维护。否则，犯了"规矩"，逾越了"距离"，就会使关系恶化，惹麻烦上身。

"请"字当先好办事

与人交往，一定要有礼貌，尤其是在请求别人时，一定要"请"字当头。因为毕竟是你有求于人的，如果请求别人对疑难问题指点迷津，应说："请教您一个问题，可以吗？"你不知道去市体育中心的路，应向路人问："请问到市体育中心的路怎么走？"在商店买东西，你应对服务小姐说："请把那个文具盒给我看看。"风从窗口吹进来，你对坐在窗边的人说："请关一下窗，好吗？"凡有请求必须使用请求语，这样对方容易接受。

请求别人，要把握恰当的时机，对方时间宽裕、心情舒畅时，请求他做点事得到答应的可能性很大；相反，对方心境不佳或时间紧张时，你的请求可能只会令他心烦，你提出的请求一般很难得到确定的答复。

请求别人，还要端正态度，注意语气。请求别人虽无须低声下气，但也绝不能高人一等，非得别人答应不可，而应当语气诚恳，平等对待。要用协商的语气，如"劳驾，让我过一下，行吗？""对不起，请别抽烟，好吗？""什么时候有空请跟我打打球，怎么样？"

同时，请求别人还要体谅对方的心理。如："我知道这事对您来说不好办，但我实在没有办法，只好难为您了。"这样说，相信很少有人会不为你所动。

当有客观原因，对方不能答应请求时，千万不要抱怨，依然要记得感谢。

这样对方在有条件帮忙时肯定会鼎力相助；如果你不能体谅对方，而对对方施以抱怨，这等于堵死了再次向对方提出请求的通路。

还要注意一点，我们在请求别人办事或者请教他人时，除了用"请"字开头，也一定要态度诚恳，千万不可与对方辩论争执，否则你前面铺垫了很多的"请"字，就算白费了。

礼多人不怪

俗语说，油多菜不坏，礼多人不怪，此乃人之常情。

老王是不善客气的人，又患有高度近视，即或戴上了眼镜，看清来人的面貌也是有些困难，对于熟人，只会由听声音辨别他是谁。因此对他不太熟悉的人，往往误会他是自大成性。他为了补救他的缺憾，就是对于勤杂工人，也是"请""谢谢"不离口，他们来到面前，有所陈述或要求时，他总是起立，绝不坐在椅上，有时还称他们先生。这些举动必定使他们受宠若惊，认为他是一个很友善的人。

某甲是某机关的一位领导，每当高级职员有事去见他时，他不但坐着不动，也不屑回你一声某先生，架子十足。有时碰到他不高兴，或认为你说话不对时，他始终不开口，好像听而不闻，也始终不对你看，好像视而不见，你落得一场没趣，只好愤然退出。他对高级职员如此，对其他下属，当然不问可知，就是对待朋友，同样也是爱理不理的神气，实在令人难受。当他得势的时候，大家只敢在背后评论他，当面还是恭维，还是奉承，但心里都是反对他。他种下了这样的恶因，后来情况有所变化，一时间，攻击他的人非常多，这当然还有其他方面因素。然而平常待人傲慢，至少也是原因之一吧。

《诗经》说："相鼠有皮，人而无礼，人而无礼，不死故为！"

无礼之取怨于人，真会咒人早死。人在社会上，要多结人缘少结怨，而多礼便是一件必要的工具。礼是人为的，是后天的，必须用心去学习，学习使人成为习惯。如此，多礼便能行无所事了。

学者陈先生是以多礼出名的人，他见人必先招呼，招呼必先鞠躬，对朋友如此，对学生也是如此，说话轻而和气，点头不断，笑容不掬，跟随他学习多年的学生，也从未见他有过一次声色俱厉。你如到他家里，或办公室里，请他写字，他虽写得一手很好的书法，还是十分谦虚，请你坐下来谈，你如不坐，他也始终站着。无论是谁，一与陈先生相交，便如饮醇醴无不心醉，所以他的人缘特别好，凡是他的学生，一见他来，立即鞠躬，让立一旁等他过，这不是怕他，而是敬他，敬他完全由于他的多礼，对别人有礼有节，别人也同样会以礼节来回报你。

然而多礼还必须诚恳，适见其人的虚伪，虚伪反而使人讨厌。能诚恳，才能恭敬；能恭敬，才是真正的礼貌。俗话说：人熟礼不熟，这就是表示，就是对于熟人，也要有礼貌。"晏平仲善与人交，久而敬之。"晏子之所以能够被别人久而敬之，他必先对人能够久敬，才能得到别人的久敬。久而敬之是指双方面而言，并且，更须先由每一个人自身开始。

对朋友客套适可而止

假如你到一个朋友家里，你的朋友对你异常客气，你每说一句话，他只有"唯唯"而答，每和你说话时，总是满口客套，唯恐你不欢，唯恐开罪于你。如此一来，你一定觉得如芒刺在背，坐立不安，等逃了出来，如释重负。

这情形你大概经历了不少，同时你就得想想，你如此对待过你的朋友吗？

虽然是客气，但这客气显然是给人痛苦的。开始会面时的几句客气话倒不成问题，若继续说个不停就太不妥当了。谈话的目的在于沟通双方的情感，增加双方的兴趣。而客气话，则恰恰是横阻在双方中间的墙，如果不把这堵墙搬走，人们只能隔着墙，做极简单的敷衍酬答而已。

朋友初次会面，略讲客套话后，第二次、第三次的见面就应竭力少用那些"您""阁下""府上"等词，如果一直用下去，则真挚的友谊必无法建立。

客气话是表示你的恭敬或感激，不是用来敷衍朋友的。所以要适可而止，多用就流于迂腐，流于浮滑，流于虚伪。有人替你做一点小小的事情，譬如说，倒一杯茶吧。你说"谢谢"，也就够了。要是在特殊的情形下，那么最多说："对不起，这事情要麻烦你。"也就很够了。但是有些人却要说"呵，谢谢你，真对不起，我不该拿这小事情麻烦你，真使我觉得难过，实在太感激了……"等一大串，你在旁边听着也会觉得不舒服的。

说客气话的时候要充满真诚，像背熟了的成语似的流水般泻出来的客气话，最易使人讨厌。说时态度更要温雅，不可现出急促紧张的状态。还有，说时要保持身体的均衡，过度的打躬作揖、摇头摆身作态来帮助你说客气话的表情，并不是一个"雅观"的动作。

把平时对朋友太客气的说话略改得坦率一点儿，你一定可以享受到友谊之乐。对平时你从来不会表示客气的人们稍微说话客气一点儿，如家中的亲人、你的孩子、商店的伙计、计程车司机等，你一定会收到意外的好处。

要避免过分的客气话，在一个朋友家中，这是窘迫主人的最好的利器，而当你是主人的时候，那又是最好的最高明的逐客方法。这方法的奏效，更胜于把他大骂一顿，如果你怕朋友们到家里干扰你，拼命跟他说客气话好了，临走勿忘请他有空再来，你知道他决不会再来的。

前面说的是太多的客气话使人不愉快。现在,来讨论说客气话应该注意以下哪些事情。

1. 要言之有物,这是说一切话所必具的条件

与其说"久仰大名,如雷贯耳",不如说"阁下上次主持的冬季救灾义演晚会成绩之佳,真是出人意料"等话,直接提及他的著名作品。

至于恭维别人生意兴隆,不如赞美他推销产品的能力,或赞美他的经营手腕。

请人"指教一切"是不行的,你应该择其所长,集中某点请他指教,如此他一定高兴得多。

2. 缺乏真诚的刻板的客气话,必不能引起听者的好感

"久仰大名,如雷贯耳。"

"贵号生意一定发达兴隆。"

"小弟才疏学浅,一切请阁下多多指教。"

……

这些缺乏感情的,完全是公式化的恭维语,若从谈话的艺术观点来看,是得加以改正的。

仪表也是一种礼貌

张三大学毕业时，是一个充满了抱负和野心的年轻人。他追求独特个性，他崇拜比尔·盖茨和史蒂夫·乔布斯这两个电脑奇才，追随他们的牛仔、T恤等不拘一格的休闲式穿衣风格，他相信"人的真正的才能不在外表，而在大脑"。对那些为了寻求工作而努力装扮自己的人，他嗤之以鼻。他认为真正珍惜人才的现代化公司不会以外表衡量人的潜力。如果一个公司在面试时以外表来论人，那么这也不是他想为之效力的企业。他不仅穿着牛仔裤、T恤，还穿上一双早已落伍的鸭舌口黑布鞋，他认为自己独特的抗拒潮流又充满叛逆性格的装束，正反映了自己才子的、有独特创造性的思想和才能。

像大多数学生一样，他在外企一次次面试，但一次次地以失败结束。直到最后一次，他与同班同学被某个公司先后召去面试。他的同学全副"武装"，发型整洁、面容干净、西装革履，手中提了个只放了几页纸的皮公文包，看起来已经俨然是一副成功者的姿态，而自己依然是那副"潇洒"的"盖茨"服，外加上"性格宣言"的黑布鞋。在他进入面试的会议室时，看到了五六个人，全部是西服正装。他们看起来不但精明强干，而且气势压人。他那不修边幅的随意性，显得如此与众不同、格格不入。巨大的压力和相形见绌的感觉使他"恨不能找个地缝钻进去"。他没有勇气再进行下去，终于放弃了面试的机会。

他说:"我的自信和狂妄一时间全都消失了。我明白了一个道理,我还不是比尔·盖茨。"

埃德加·斯诺在《西行漫记》里有一段描述,说他在延安采访毛泽东时,毛曾当着斯诺,一边说话一边捉虱子,"不断地从他的衣服里掏出小动物来"。当我们看到这里的时候,不会为领袖脸红,更没有必要去批评他。因为那是在战争时期,延安时期,刚刚从长征过来的时候,这样的动物太多了,捉它,是一种生活方式,也就成了一种可爱的、人人接受的文化,一种过渡性文明。可是,假如毛泽东在中南海接见尼克松的时候还捉小动物,那中美后来是否能够和平共处到今天,就难以想象了。

环境变了,文化变了,文明的标准变了。今日之中国已经融入世界,要迎接全球化的今天,我们要改变过去的错误观念。

是的,全世界只有一个比尔·盖茨,也只有一个毛泽东。他们不需要服从条例,因为他们已经创造了巅峰。

在北美,有一个关于比尔·盖茨的传说。他曾穿着牛仔、T恤去打高尔夫,场地管理人员按规定没允许他入场。盛怒之下,比尔·盖茨买下一个高尔夫场地,从此再也不用在打高尔夫时还要按规定穿着而受人限制了。可是比尔·盖茨的穿着也不是处处行得通。当微软被联想指控,他也被迫出庭时,从没有穿着随便地出现在法庭和媒体上。

凭借比尔·盖茨的巨大成就及他对世界和人类的贡献，无论他穿什么，讲什么，人们不但接受他、相信他，而且崇拜他。但比尔·盖茨只有一个，他是个奇特的传奇人物，他的成就和业绩已经超出形象可以传达的内容，他是一个超级品牌，他的名字是成功的代名词。衡量社会"成功"者的形象无法用于他，如果你还没有达到他的成就，而且又不是公司老板，纵然有多么出众的才华，为了你的不可估量的未来和潜在无限的机遇，还是不要像前面所讲的张三那样拿自己的事业和机遇做赌博。

那些极其富有、成功和古怪的人，并不在乎自己留给人们的形象，但我们中的大部分却不能不在乎外界如何看待我们。

无论是风险基金经理还是面试你的未来老板，绝大部分情况都不会相信你现在可以和比尔·盖茨相比。假如你认真观察，会发现比尔·盖茨的形象也在日趋改变，他在媒体上的新形象已经完全不同于以往，那个着装随便的比尔·盖茨已经消失了，新的比尔·盖茨更像一个华尔街上的经纪人。

"豪爽"不等于"粗俗"

个性豪爽是值得称道的，但是态度过于随便的人却难以获得别人的尊敬，而且这种性情的人还会给自己的生活增加一些麻烦。比如，他们由于说话不注意分寸常常会惹长辈生气；不顾场合地开玩笑，无意间会伤害朋友。另外，对待身份和地位比你高的人采取这种毫无顾忌的态度，则会使对方觉得你没有涵养，不值得重用；对待身份和地位比你低的人态度过于随便，也容易使对方误解，让他以哥们义气相待，甚至提出不当的要求。开玩笑的情形也是如此，如果你凡事都喜欢开玩笑，即使在讲正经话的时候，也很难叫人相信。

个性豪爽的人虽然比较好相处，但要受人尊敬，你就应该善于利用这种豪爽。以我们自己的生活体验，在一些娱乐性的场合，我们经常会想要这类人的加入。比如，因为那个人歌唱得很好听，我们感觉和他相处得很愉快；或者因为某人舞跳得很好，所以我们乐意找他去参加舞会；或者因为他喜欢讲笑话，非常有趣，所以我们高兴约他一起去吃饭……

人们之所以乐意在这些场合找他，主要是为了娱乐的需要，但是，如果人们只是在这种时候才想到他，这并不是什么好事，这也不是在真正夸赞一个人，反过来有可能是在贬损他。至少一个只有娱乐这方面"优势"的人，是不会被他人委以重托的，因而也不会受到人们发自内心的尊敬。

如果一个人仅以一方面的特长去获得别人的友谊，这样的人其实是没有什么价值可言的。由于他不具备其他特长，或者不懂得如何来发挥其他方面的优点，他也就很难受到他人的尊敬。

因此，一个重要的处世原则就是，不论在任何时刻、任何境地，都要保持一种"稳重"的生活方式和处世态度。

那么，到底怎样才是具有稳重的态度呢？所谓具有稳重的态度，就是在待人接物中要保持一定的"威严"。当然，这种带有一定威严的态度与那种骄傲自大的态度是完全不同的，甚至可以说是与之完全相反。这种反差就如同鲁莽并不是勇敢的表现，乱开玩笑并不是机智一样。我们这样说，并无意去贬低那些具有骄傲自大态度的人，但是傲慢、自负的人确实很容易惹人生气，甚至让人嘲笑或轻蔑。

你可能同那些故意将物品价格抬高的商人打过交道吧！对待这样的商人，我想你也会绝不心软地把价格杀低，这与我们在对待喊价合理的商人的态度截然不同，对待后一类商人，我们是绝对不会刁难他们的。同购物的情形类似，我们对待那种傲慢自负的人，要么会将他自我标榜的"价码"拉下来，要么轻蔑地看他一眼，然后离他而去。

一个具有稳重态度的人，是绝对不会随便向别人溜须拍马的；他也不会八面玲珑，四处去讨好他人；更不会去任意滋事造谣，在背后批评别人。具有这种态度的人，不仅会将自己的意见谨慎清楚地表达出来，而且还能平心静气地倾听和接受别人的意见。如此待人处世的态度，就可以说是一种具有稳重威严感的态度。

这种稳重的威严感也可以从外在表现出来，即在表情或动作上表现出郑重其事的模样。当然如果你能在此基础上再加上生动的机智或高尚的气质这种内在的东西，就更能增进你的尊严感。相反，如果一个人凡事都采取一种嘻嘻哈哈，对任何事都无所谓的态度，在体态上总是摇摇晃晃，显得极不稳重，就会让人觉得你十分轻浮。如果一个人的外表看上去非常威严，但在实际行动上却草率之至，做事极不负责任，这样的人也仍然称不上是一个具有稳重态度的人。

小关心大温暖

离开别人的关心，我们能独立存在，获得幸福吗？不能。因为我们需要别人的关心与爱护。同样，他人也需要我们的关心与爱护。我们都应该学会关心他人。在关心他人的过程中，我们自己也会得到满足，并且还增进了人与人之间的友爱，为自己的事业和生活打下真挚的人际基础。我们关心亲人能够让家庭更加和睦幸福，我们关心朋友可以让友谊更加根深蒂固，我们关心下属和同事可以让工作顺利，事业如意。关心，让我们没花费多大成本，就能收益良多，适时地对需要关心的人，送上我们的关心，何乐而不为呢？

关心他人，我们首先要出于真诚。此外，我们也要讲究一定的方式方法：

先要弄清楚对方需要的是什么：是情感上受到伤害，需要心理安慰；还是事业上出现挫折，需要帮助？是身体有恙，需要慰问；还是倍感压力，需要鼓励？

有的人在受到伤害的时候，可能不太愿意别人去打扰他，去询问事情的原委，这个时候不妨用比较婉转的方式，比如写一封信让他知道你的关心，或是引导他把怨气发泄出来，然后再安慰他，这样也许会起到比较好的效果。而在病榻上的病人不仅需要精神慰藉，如果他是你的家人，他还需要你无微不至的照顾。如果是你的朋友，最好还是送上一束鲜花，说几句祝福的话，并给病人打气，让他有战胜病魔的信心，这就是最好的关心了。而如果他遇到了工作上或事业上的挫折，在可以伸出援手的时候一定要帮助他渡过难关，如果不能，就要在精神上为他加油，帮助他重拾信心，排除困难。

当然，也不是说一定要在对方情绪激动的时候去安慰。一个人的情绪处于失控的情况下，任何人的安慰都难以入耳，只能火上浇油，还是等他冷静下来，恢复了理智，再同他交谈为好。

有时，谎言不一定全是坏话。对于身患绝症的病人，只能把病情如实告诉其家属，而对其本人，仍应重病轻说。如果谎言唤起了他对生活的热爱，增强了他与病魔作斗争的意志，就有可能使生命延续得更长久，甚至战胜死神。

善良的谎言，其用心当然也是善良的，即为了减轻不幸者的精神痛苦，帮助其重振生活的勇气。当事人以后明白了真相，只会感激，不会埋怨。如果明知会加重对方的精神痛苦，仍要实话相告，即使不算坏话，也该算蠢话。

记住并利用对方的名字

一位著名作家说:"记住人家的名字,而且很轻易地叫出来,等于给别人一个巧妙而有效的赞美。因为我很早就发现,人们把自己的姓名看得惊人的重要。"

与人交往的过程中,如果一个并不熟悉的人能叫出自己的姓名,往往会使人产生一种亲切感和知己感;相反,如果见了几次面,对方还是叫不出你的名字,便会产生一种疏远感、陌生感,增加双方的心理隔阂。一位心理学家曾说:"在人们的心目中,唯有自己的姓名是最美好、最动听的东西。"许多事实也已经证实,在公关活动中,广记人名,有助于公关活动的展开,并助其成功。

美国前总统罗斯福在一次宴会上,看见席间坐着许多不认识的人,他找到一个熟悉的记者,从记者那里一一打听清楚了那些人的姓名和基本情况,然后主动和他们接近,叫出他们的名字。当那些人知道这位平易近人、了解自己的人竟是著名政治家罗斯福时,大为感动。以后,这些人都成了罗斯福竞选总统的支持者。

记住对方的名字,最好时而高呼出声,这不仅是起码的一种礼貌,更是交际场上值得推行的一个妙招。想一想,对于记住自己名字的人,我们怎不顿觉亲切,仿佛是老友相逢?这时,他来求我们什么事情,我们怎好不竭尽全力予以优先照顾呢?

在交往中，你一张口就高呼出对方的名字，会让对方为之一振，对你顿生景仰之意。就是原本不利的情势，也往往会因为你的这一高呼而顿时"化险为夷"。不言而喻，一个人对他自己的名字比对世界上所有的名字加起来还要感兴趣。

钢铁大王卡内基从小就认识了这一点。小时候，他曾经抓到一窝小兔子，但是没有东西喂它们。他就想出了一个绝妙的主意。他对周围的孩子们说："你们谁能给兔子弄点吃的来，我就以你们的名字给小兔子命名。"这个方法太灵验了，卡内基一直忘不了。当卡内基为了卧车生意和乔治·普尔门竞争的时候，他又想起了这段往事。

当时，卡内基的中央交通公司正跟普尔门的公司争夺联合太平洋铁路公司的卧车生意，双方互不相让，大杀其价，使得卧车生意毫无利润可言。

后来，卡内基和普尔门都到纽约去拜访联合太平洋铁路公司的董事会。有一天晚上，他们在一家饭店碰头了。卡内基说："晚安，普尔门先生，我们别争了，再争下去岂不是出自己的洋相吗？"

"这话怎么讲？"普尔门问。

于是卡内基把自己早已考虑好的决定告诉他——把他们两家公司合并起来。他大谈合作的好处，普尔门注意地倾听着，但是没有完全接受。最后他问："这个新公司叫什么呢？"

卡内基毫不犹豫地说："当然叫普尔门皇宫卧车公司。"

普尔门的眼睛一亮，马上说："请到我的房间来，我们讨论一下。"

这次讨论翻开了工业史新的一页。

记住别人的名字，对他人来说，这是所有语言中最重要的。如果你想让人羡慕，请不要忘记这条准则："请记住别人的名字，名字对他来说，是全部词汇中最好的词。"熟记他人的名字吧，这会给你带来好运！在彼此不是很熟悉的情况下，有时见到对方，需要辨认、确定后才能喊出其名字。此时一定要注意，你的态度必须自然，不要露出正在辨认的神情，使对方察觉。尤其是对女性，对其仔细端详就更不妥了。

记住，如果你不重视别人的名字，又有谁会重视你的名字呢？如果有一天你把人们的名字全忘掉了，那么，你也很快就会被人们遗忘。

以友善争取信任

林肯在100多年以前说："一滴蜜所捉的苍蝇，比一加仑毒汁所捉到的更多。"这是一句古老而真实的格言。对人也是如此，假如你想让别人赞同你的理由，首先要使他信任你是他的好朋友。捉住他心中的一滴蜜，那么也就是达到他的理智的大路。

假如你在愤怒之下，对别人发作一阵，你的气随之消失，心中也高兴了。但是别人会怎样呢？当你高兴时他能分享到一点吗？你那挑战的口气，敌意的态度，会使他容易赞同你的意见吗？

1915年，小洛克菲勒（石油大王的儿子）被科罗拉多州的人轻视着。美国工业史上流血大罢工，一直震荡该州有两年之久，愤怒的矿工要求科州煤铁公司提高工资，那家公司正是小洛克菲勒管理，公司的财产被破坏了，还请出军队来镇压，发生数起流血事件，罢工工人被击毙者甚众。

这种情势下，在充满了仇恨的空气里，小洛克菲勒打算让罢工的工人听从他的意见，而且他成功了。他是怎样做的呢？他先与他们交了几个星期的朋友，然后小洛克菲勒再对罢工运动的代表发表一篇演说。这一篇演说词真是一件杰作，并且产生了惊人的效果，把工人们对小洛克菲勒的愤恨怒潮完全平息，同时使许多人都佩服了小洛克菲勒。那篇演说以友好的态度取得了很好的效果，使工人们都走回工厂去做工，绝不再提以他们的流血来争取增加工资的问题。

下面是那篇著名演说词的开头，请注意它的语句之间所流露出来的友爱。

"今天是在我一生中最值得纪念的日子，"小洛克菲勒开口说，"我这是第一次如此荣幸，得以与这个大工厂的职员代表、厂方的职员和监察们相见。老实说，我认为自己能来到这里非常光荣，并且我这一生永远记住了我们聚会的这一天。假使这次聚会在两星期之前举行，我站在这里简直是一个生人，我也只能认识你们少数的面孔。幸而我有机会到南煤区各帐篷都看一遍，并且同诸位代表，除了走的不算，都个别作了一次私人的谈话。拜访过你们的家庭，会见了你们的妻儿老小，我们今日在此相见已非陌生人，而都是朋友。本着这种友好互助的精神，我十分高兴有这个机会来和你们一齐讨论我们的利益。"

"不过这次聚会主角是厂方职员和工人们的代表，我能来到这里完全是蒙你们的厚爱，因为我既非职员又不是代表，然而我却觉得我与你们的关系很密切，因为我来是代表工厂的股东和董事的。"

这段演说词，不是一个化敌人为朋友的手段极优美的例子吗？

假设小洛克菲勒用另一种方式，假设他同矿工们争辩，用可怕的事实恫吓他们，假设他暗示他们的错误或引用逻辑学定理证明他们确实是错误了，结局将怎样呢？恐怕只会更激起愤怒，仇恨和暴动而已。

假如一个人的心理和你有冲突，对你无好感，你就是搬出所有的逻辑学来，也不能使他赞同你的意见。好责骂的父母和惯于作威作福的上司，都应当知道别人没有愿意改变心意的。人们不会被迫赞同你的意见。但假如我们很和蔼、很谦逊地诱导他们，倒可使他们赞同。

美国总统威尔逊说过："假如你握紧两只拳头来找我，我想我可以告诉你，我会把拳头握得更紧，但假如你找我来，说道：'让我们坐下商议一番，假如我们之间有意见不同之处，想看看原因何在，主要的症结是什么？'我们会觉得彼此的意见相去并不十分远。我们的意见不同之点少，相同之点多，并且只需彼此有耐性、诚意和愿望去接近，我们是不难完全相投合的。"

商人们懂得以友好的态度对待罢工者是最划算的，举个例，当怀特汽车公司2500名工人因要求增加工资而罢工时，经理勃莱克并不曾震怒、痛斥、威吓或说是共产党的鼓动。事实上他反而夸奖工人。他在克里夫兰各报纸上登一段广告，庆贺他们"放下工具的和平方法"，看见罢工纠察队没有事做，他买了很多棒球及球棒，让工人们玩。

勃莱克经理这种柔和的态度所获得的成功是，那些罢工的工人借来了很多扫帚、锹、垃圾车，开始打扫工厂周围的乱纸、火柴棍、纸烟及雪茄尾巴。为争工资及承认工会罢工的工人们却开始在工厂的周围作扫除运动，这种情形在美国劳工斗争史上实未有之前闻。那次罢工在一周内圆满解决，双方毫未发生恶感或怨恨。

韦伯斯特大律师的样子像一位尊神，说起话一半像耶和华。他是一位最成功的律师，可是从来也不争辩，在提出他自己有力的意见时，只是用极其和平的言语如："这将要请见证人所考虑""这或许很值得细想一想，诸君""诸位，我相信这几件事实你们是不会遗忘的"，或者说"诸位都是有天性常识，你们很容易看出这几件事实的重要性。"绝不用恐吓，不用高压的手段，绝不想强迫别人相信他的意见。韦伯斯特用的是柔和的说话法，安静友爱地接近，于是享有盛名。

有一个关于风和太阳的寓言。风和太阳争执谁的力量大，风说道："我能证明我的力量大，看，地下正走着一个身披大衣的老者，我能比你更快地使他把大衣脱掉。"

于是太阳躲进乌云里，风使出他的威力狂吹，但是风吹得愈大，那老者愈用手拉紧他的大衣。

最后风筋疲力尽了，停止了。太阳从云彩里走出来，开始对着那老者和气地笑。不久那老者便用手拭他前额的汗并将大衣脱去。于是太阳对风说道："仁慈和友善永远比愤怒和强暴更为有力。"

这是个有趣的寓言，但愿也能给你一些深刻的启示。

你也许永远不会被请去调解罢工或对着法庭见证人们演说，但是你也许需要把你的房租减低点。这种友爱的与人接近法可以帮你的忙吗？让我们看看吧。

第四章

会说话嘴巴甜如蜜，与人相处说话当谨慎

语言是思想的外衣，会说话的背后实际是一种人际沟通与人际应对的大智慧。别拿刀子嘴豆腐心说事儿，一定要会说话。会说话，可以让你结交更多的朋友，会说话也会让你的职场更加顺利。

多说"我们"拉近距离

曾经有过一位心理学家，做了一项有名的实验，就是选编了三个小团体，并且分派三人饰演专制型、放任型、民主型的三位领导人，然后对这三个团体进行意识调查。结果，领导人饰演民主型的这个团体，表现了最强烈的同伴意识。其中最有趣的，就是这个团体中的成员大都使用"我们"一词来说话。

经常听演讲的人，大概都有过这样的经验，就是演讲者说"我这么想……"不如说"我们是否应该这样"更能使你觉得和对方的距离接近。因为"我们"这个字眼儿，也就是要表现"你也参与其中"的意思，所以会令对方心中产生一种参与意识。按照心理学的说法，这种情形是"卷入效果"。

小孩子在玩耍时，经常会说"这是我的东西"或"我要这样做"，这种说法是因为小孩子的自我表现欲都是很直接所造成的。但有时在成人世界中，也会出现如此说法，这种人大多无法给对方留下好印象，导致在人际关系方面受阻，甚至在自己所属的团体中陷入被孤立的尴尬局面。

人心是很微妙的，同样是与人交谈，但有的说话方式会令对方反感，而有的说话方式却会令对方不由自主地产生好感。因此，若想让自己表现得更好，打造圆满的人际关系，就应善加利用这种"卷入效果"。

在人际交往中，"我"字讲得太多并过分强调，会给人突出自我、标榜自我的印象，这会在对方与你之间筑起一道防线，形成障碍，影响别人对你的认同。与人说话时，不妨把"我"改为"我们"，这不仅对你来说没有任何损失，而且会让你获得对方的好感，从而增进彼此的关系。

获得对方好感的说话技巧

一般来说，获得对方好感的说话技巧有以下几点。

1. 多提一些善意的建议

当他人关心自己时，只要这份关心不会伤到自己，一般人往往不会拒绝。尤其是能满足自尊心的关怀，往往立即转化为对关怀者的好感。

满足他人自尊心最佳的方法是善意的建议。对方是女性时，仅说："你的发型很美。"只不过是句单纯的赞美词；若是说："稍微剪短点，看起来会更可爱。"对方定能感受到对自己的关心。若是能不断地表示出此种关心，对方对你必然更加亲切信任。

2. 偶尔暴露自己一两个小缺点

每当百货公司举办"瑕疵品贱卖会"，必然造成汹涌的盛况，甚至连大拍卖也比不上它的吸引力。为什么"瑕疵品"能如此激起人们的购买欲呢？这可说是百货公司敢于表示商品具有瑕疵的缘故。

之所以如此说，是因为坦率地暴露缺点，反而使一般民众对该公司正直、诚实的作风留下深刻的印象，而此种诚实、正直往往转变成民众对其商品的信赖，自然公司也就大受其益了。

只是暴露自己的缺点并不是毫不保留地将所有的缺点都暴露出来，如此做，反而使人认为你是个毫无可取之处的人，因而丧失了对你的信任。

暴露的缺点只要一两个就可以了，可使他人难以将这一两个缺点和其他部分联想在一起，因而产生其他部分毫无缺点的感觉。"这个人有点小缺点，但是其他方面挑不出毛病来，是个相当不错的人！"类似上述的想法就能深深植入他人的心中。

3. 要记住对方所说的话

某位心理学家应邀至地方演讲时，不料主办者之一却问他："请问先生的专长是什么？"他颇为不高兴地回答："你请我来演讲，还问我的专长是什么？"

招待他人或是主动邀约他人见面，事先都应该先收集对方的资料，此乃一种礼貌。换句话说，表现自己相当关心对方，必然能赢得对方的好感。

记住对方说过的话，事后再提出来做话题，也是表示关心的做法之一。尤其是兴趣、嗜好、梦想等事，对对方来说，是最重要、最有趣的事情，一旦提出来作为话题，对方一定会觉得很愉快。在面试时，不妨引用主考官说过的话，定能使主考官对你另眼相看。

4. 及时发觉对方微小变化

依我来看，一般做丈夫的都不擅长对妻子表现自己的关心。比方说，妻子上美容院改变发型后，明明觉得"看起来年轻多了"，却不说出口。因此妻子心里不满，觉得丈夫不关心自己。

不论是谁，都渴求拥有他人的关心。而对于关心自己的人，一般都具有好感。因而，若想获得对方的好感，首先必须先积极地表示出自己的关心。只要一发现对方的服饰或使用物品有些微小的改变，不要吝惜你的言辞，立即告诉对方。例如，同事打了条新领带时，"新领带吧！在哪儿买的？"像这样表示自己的关心，决没有人会因此觉得不高兴。

另外，指出对方与往日不同的变化时，愈是细微、不轻易发现的变化，使对方高兴的效果愈大。不仅使对方感受到你的关注也感受到你的关怀，转瞬间，你们之间的关系就会远比以前更亲密可信。

5. 呼叫对方名字

欧美人在说话时，常说"来杯咖啡好吗？史密斯先生""关于这一点，你的想法如何？史密斯先生"，频频将对方的名字挂在嘴边。很令人不可思议的是，此种作风往往使对方涌起一股亲密感，宛如彼此早已相交多年。其中一个原因就是，他感受到对方已经认可自己了。

在我们的社会里，晚辈直接呼叫长辈的名字，是种不礼貌的行为。但是，借着频频呼叫对方的名字，来增进彼此的亲密感，并不是百无一利的方法。

6. 提供对方关心的"情报"

我有位朋友有个奇怪的习惯，总是在他人名片的背面写上密密麻麻的记事。

与其说他是为了整理人际资料或是不忘记对方，倒不如说是为了下一次见面做准备。也就是说，将对方感兴趣的事物记录下来，再度见面时，自己就可提供对方关心的情报作为礼物。

即使只是见过一次面的人，若能记住对方的兴趣，比方说是钓鱼吧！在第二次、第三次见面时，不断地提供这方面的知识或是趣事，借此显示自己对于对方的兴趣很关心，必然使对方产生很大的好感。

或许有些人会认为此种做法太过于功利主义，可事实决非如此。此种做法的确出于对对方的关心，而去收集种种的"情报"。借着经常保持此种姿态，结果必然能将一般通用的话题化为己身之物。换句话说，以长远的目标来衡量，此种做法能成为表现自我的有力武器，延续对方对自己的好感和信任。

难听的话幽默着说谁都喜欢

幽默是一种魅力，也是一种人格力量。幽默所包含的特性是逗人快乐，所包含的能力是感受和表现有趣的人和事，制造愉悦的气氛。对于个人而言，懂得幽默的人往往比不懂幽默的人更具有吸引力和凝聚力。

一个秃头者，当别人称他"理发不用花钱，洗头不用汤"时，他当场变了脸，使一个原本比较轻松的环境变得紧张起来。一位演讲的教授，也是一个秃头，他在自我介绍时说："一位朋友称我聪明透顶，我含笑地回答：'你小看我了，我早就聪明绝顶了。'"然后他指了指自己的头说，"我今天演讲的题目是外表美是心灵美的反映。"教授就这样开始了自己的演讲，整个会场充满了活跃的气氛。同样是秃头，同样容易受到别人的揶揄和嘲谑，为什么不同的人得到的却是别人不同的认可，其间的缘故就在于有没有幽默感。

幽默家兼钢琴家波奇，有一次在美国密歇根州的福林特城演奏，发现听众不到大半，他很失望也很难堪，但是他走向舞台时却说："福林特这个城市一定很有钱，我看到你们每个人都买了两三个座位的票。"于是整个大厅里充满了欢笑，波奇也以寥寥数语化解了尴尬的场面。

由此可见，幽默不仅反映出一个人随和的个性，还显示了一个人的聪明、智慧以及随机应变的能力。但需要注意的是，幽默既不是毫无意义的插科打诨，也不是没有分寸的卖关子，耍嘴皮。幽默要在入情入理之中，引人发笑，给人启迪，这需要一定的素质和修养。

生活中应用幽默，可缓解矛盾，调节情绪，促使心理处于相对平衡状态。著名的喜剧大师卓别林曾说："通过幽默，我们在貌似正常的现象中看不出不正常的现象，在貌似重要的事物中看不出不重要的事物。"

这样的体味，在会场或课堂上，一席趣语可使笑语满堂，气氛和谐而轻松，增加了接受效果；在友人间的笑谈中，一则笑话，常令人捧腹不止，在笑声中交流和深化了感情；在旅游登山时，一句幽默，引出一阵嘻嘻哈哈，顿使人倦意全消，鼓劲前行。可见，幽默与笑是情同手足的姐妹。上乘的幽默是鼓劲的维生素，是交际的润滑剂，是智慧的推进器。

淡化人的消极情绪，消除沮丧与痛苦。具有幽默感的人，生活充满情趣，许多看来令人痛苦烦恼之事，他们却应付得轻松自如。用幽默来处理烦恼与矛盾，会使人感到和谐愉快，相融友好。

怎样培养幽默感呢？

第一，领会幽默的内在含义，机智而又敏捷地指出别人的缺点或优点，在微笑中加以肯定或否定。幽默不是油腔滑调，也非嘲笑或讽刺。正如有位名人所言：浮躁难以幽默，装腔作势难以幽默，钻牛角尖难以幽默，捉襟见肘难以幽默，迟钝笨拙难以幽默，只有从容、平等待人、超脱、游刃有余、聪明透彻才能幽默。

第二，扩大知识面，幽默是一种智慧的表现，它必须建立在丰富知识的基础上。一个人只有有审时度势的能力、广博的知识，才能做到谈资丰富、妙言成趣，从而作出恰当的比喻。因此，要培养幽默感必须广泛涉猎，充实自我，不断从浩如烟海的书籍中收集幽默的浪花，从名人趣事的精华中撷取幽默的宝石。

第三，陶冶情操，乐观对待现实，幽默是一种宽容精神的体现。要善于体谅他人，要使自己学会幽默，就要学会雍容大度，克服斤斤计较，同时还要乐观。乐观与幽默是亲密的朋友，生活中如果多一点趣味和轻松，多一点笑容和游戏，多一份乐观与幽默，那么就没有克服不了的困难，也不会出现整天愁眉苦脸，忧心忡忡的痛苦者。

第四，培养深刻的洞察力。提高观察事物的能力，培养机智、敏捷的能力，是提高幽默的一个重要方面。只有迅速地捕捉事物的本质，以恰当的比喻，诙谐的语言，才能使人们产生轻松的感觉。当然在幽默的同时，还应注意，重大的原则总是不能马虎，不同问题要不同对待，在处理问题时要有灵活性，做到幽默而不俗套，使幽默能够为人类精神生活提供真正的养料。

幽默是润滑剂，能使僵滞的人际关系活跃起来；幽默是缓冲装置，可使一触即发的紧张局势顷刻间化为祥和；幽默是一枚包裹着棉花团的针，带着温柔的嘲讽，却不伤人。幽默也充分显示出幽默者和被幽默者的胸襟和自信。

幽默的使用必须根据具体情况具体分析，尤其是对于长辈、女性、初次相识的人，幽默一定要慎用。同时，幽默要注意"度"，一旦过了头，就可能被对方误解为取笑与讥讽而造成不愉快。

常给朋友圈点赞

每个人都喜欢受到别人的赞美。即使是一句简单的赞美之词，也可使人振奋和鼓舞，使人得到自信和不断进取的力量。

一般人身上，都有着使人难以察觉的闪光点，而这些正是个人价值的生动体现。一个伟大的领导者，往往独具慧眼，且大多是赞颂别人的专家。

既然赞扬是人际交往的润滑剂，我们就要在和周围人相处的过程中，毫不吝啬地赞扬别人，使赞许动机获得广大而神奇的效用。

古时有一个说客，当众夸口说："小人虽不才，但极能奉承。平生有一愿，要将1000顶高帽子戴给我最先遇到的1000个人，现在已送出了999顶，只剩下最后一顶了。"

有个长者听后摇头说道："我偏不信，你那最后一顶用什么方法也戴不到我的头上。"说客一听，忙拱手道："先生说的极是，不才从南到北，闯了大半辈子，但像先生这样秉性刚直、不喜奉承的人，委实没有！"

长者顿时手抬胡须，洋洋自得地说："你真算得上是了解我的人啊！"听了这话，那位说客立即哈哈大笑："恭喜恭喜，我这最后一顶帽子刚刚送给先生你了。"

这只是一则笑话，但它却有深刻的寓意。其中除了那位说客的机智外，更包含了人们无法拒绝赞美之辞的道理。

人人都喜欢被赞美。美国著名社会活动家曾推出一条原则："给人一个好名声。"如果你能以诚挚的敬意和真心实意地赞扬满足他人的自我，那么他人可能会变得更令人愉快、更通情达理、更乐于协力合作。

顺情说好话，耿直讨人嫌

人们常对顺情说好话的人不耻，认为顺情说好话的人不真实，很虚伪。其实不然，有谁不愿听顺耳的话？为什么不能说让人感觉舒服的话？

大多数人都喜欢听好话，希望受到别人的赞赏，这是人之常情。但会为人处世的人，即使觉得某人干得不好，也不会直言相对。

而有的人过于感情用事，容易不在乎对方的情感，往往会在表达中带有伤害感情的语言。比如"你为什么不给我回电话？""为什么不跟我妈打招呼？"这样的话让对方下不来台。

"你累了？怎么有气无力的？""你不满意了？怎么脸拉得这样长？"对方已经不高兴了，这样说会更不高兴。

"你那真难看！""谁像你那样小气？"这样的直爽会让人受不了；

"你是不是病了？""你那病好了吗？"有病的人往往怕人家说自己有病，也怕人家提自己的病，尤其是有些难言之隐的病。

在南朝时，齐高帝对书法非常感兴趣，曾与当时的书法家王僧虔一起研习书法。有一次，高帝突然问王僧虔说："你和我比，谁的字更好？"

这问题比较难回答，说高帝的字比自己的好，是违心之言；说高帝的字不如自己，又会使高帝的面子搁不住，弄不好还会将君臣之间的关系弄得很糟糕。

王僧虔的回答很巧妙："我的字臣中最好，您的字君中最好。"

历朝历代皇帝就那么几个，而臣子却不计其数，王僧虔的言外之意是很清楚的。

高帝领悟了言外之意，哈哈一笑，也就作罢，不再提这事了。

在许多场合，有一些话不好直说，也不能直说，更无法明说，于是，旁敲侧击绕道迂回，就成为我们所要采用的最明智的方法。

要记住"顺情说好话，耿直讨人嫌"。有句话叫"不看你说的是什么，只看你是怎么说的"。也就是说，不同的人有不同的说法，不同的说法有不同的效果。与人交流时，不要以为内心真诚便可以不拘言语，我们还要学会委婉、艺术地表达自己的想法。一句话到底应该怎么说，其实很简单，你只要设身处地从他人的角度想想就明白了。

背后说好话，远比当面恭维好

《红楼梦》中有这么一段描写：史湘云、薛宝钗劝贾宝玉做官为宦，贾宝玉大为反感，对着史湘云和袭人赞美林黛玉说："林姑娘从来没有说过这些混账话！要是她说这些混账话，我早和她生分了。"

凑巧这时黛玉正来到窗外，无意中听见贾宝玉说自己的好话，"不觉又惊又喜，又悲又叹"。结果宝黛两人互诉肺腑，感情大增。

倘若宝玉当着黛玉的面说这番话，好猜疑、使小性子的林黛玉可能就认为宝玉是在打趣她或想讨好她。

背后说别人的好话，远比当面恭维别人说好话，效果要明显好得多。我们在背后说他人的好话，是很容易传到对方耳朵里去的。

我们当面说人家的好话，对方会以为我们是在奉承他，讨好他。当我们的好话是在背后说时，别人会认为我们是出于真诚的，是真心说他的好话，人家才会领情，并感激我们。

有一位职员与同事们闲谈时，随意说了上司几句好话："赵总这人真不错，处事比较公正，对我的帮助很大，能够为这样的人做事，真是一种幸运。"这几句话很快就传到了赵总的耳朵里，赵总心里不由得有些欣慰和感激。而那位职员的形象，也在赵总心里上升了。

我们在背后说别人好话时，会被人认为是发自内心、不带私人动机的。其好处除了能给更多的人以榜样的激励作用外，还能使被说者在听到别人

"传播"过来的好话后，更感到这种赞扬的真诚，从而在荣誉感获得满足时，还增强了上进心和对说好话者的信任感。

把握好尺度，赞美如煲汤火候很重要

赞美别人时如不审时度势，不掌握一定的技巧，即使你是真诚的，也会变好事为坏事。就像你本来用很昂贵的原料煲了一锅汤，但是如果火候掌握得不好，那么再好的原材料也不会煲出味道鲜美的汤。只有火候掌握得好，赞美才会散发出最浓郁的香味。

特别是在赞美上级的时候，更需要掌握赞美的火候。我们赞美身边的普通人，即使话语不得体也没有太大的关系，别人也不会把你怎么样。但是当我们赞美上级的时候，如果火候拿捏得不好，那么后果可能就会很严重了，也许你一辈子都会郁郁不得志；如果赞美得恰如其分，说不定就会使你加官晋爵。

一次，在镇压太平军的行营中，曾国藩用完晚饭后与几位幕僚闲谈，评论当今英雄。他说："彭玉麟、李鸿章都是大才，为我所不及。我可自许者，只是生平不好谀耳。"

一个幕僚说："各有所长：彭公威猛，人不敢欺；李公精敏，人不能欺。"

说到这里，他说不下去了。曾国藩问："你们以为怎么样？"

众人皆低首沉思，忽然走出一个管抄写的后生来，插话道："曾帅仁德，人不忍欺。"人人听了齐拍手。

曾国藩十分得意地说："不敢当，不敢当。"后生告退后曾氏问："此是何人？"幕僚告诉他："此人是扬州人，入过学，秀才，家贫，为事还谨慎。"

曾国藩听后就说："此人有大才，不可埋没。"不久，曾国藩升任两江总督，就派这位后生去扬州任盐运使了。

赞美别人，掌握尺度是最关键的。所以，赞美就像煲汤，火候很重要。在你开口赞美别人的时候，一定要遵循以下法则。

1. 真心诚意地赞美

每个人都珍视真心诚意，它是人际交往中最重要的原则。英国专门研究社会关系的卡斯利博士曾说过："大多数人选择朋友都是以对方是否真诚而决定的。"

2. 讲究场合，合乎时宜

赞美的效果在于相机行事、适可而止。当别人计划做一件有意义的事时，开头的赞扬能激励他下决心做出成绩，中间的赞扬有益于对方再接再厉，结尾的赞扬则可以肯定成绩，指出进一步努力的方向，而达到"赞扬一个，激励一批"的效果。

3. 具有特点

人的素质有高低之分，年龄有长幼之别，因人而异、突出个性、有特点的赞美比一般化的赞美能收到更好的效果。

4. 赞美一个人的行为或贡献比赞美他本人好

当你赞美一个人的行为或贡献时，你的赞许更显得真诚，而且，如果别人知道他的确值得被赞美，会获得最好的效果。赞美行为比赞美本人更可以避免功利主义或偏见。

5. 翔实具体

在日常生活中，人们有非常显著成绩的时候并不多见。因此，交往应从具体的事件入手，善于发现别人哪怕是最微小的长处，并不失时机地予以赞美。赞美用语愈翔实具体，说明你对对方愈了解，对他的长处和成绩愈看重。

世间没有绝对的对错好坏，凡事能够把分寸拿捏得好，就是一种智慧。在夸赞别人这个问题上同样存在分寸拿捏不同、后果也不同的现象。如果赞美得当，那就是一种美德，但是不得当的赞美成为阿谀，难免遭人轻视。所以，把握赞美的分寸十分重要。

赞美能赢得友谊。赞美如花香，芬芳而怡人，能以赞美之言予人者，必得人缘，所以和人相处，最重要的就是赞美。基督教唱赞美诗，佛教唱炉香赞，说明神、佛也要人赞美，何况一般人呢？尤其当一个人灰心的时候，一句鼓励的话，能令他绝处逢生；当别人失望的时候，一句赞美的话，能使他重见光明。要想获得友谊，诚心地赞美别人，必定能如愿。

做人要"日行一善"，其实日行一善并不难，赞美别人也是一善。但赞美不同于阿谀，阿谀是一种虚伪的奉承，所谓"好阿谀则是非之心起"，所以做人宁容谏诤之友，勿交阿谀之人，被人批评不可怕，受人阿谀才可畏。有的人赞美不当，成了逢迎拍马、阿谀奉承，也会受人轻视，因此做人不要阿谀谄媚，也要避免不当的赞美。

赞美和阿谀最大的区别在于出发点的不同。赞美一般是符合客观实际情况的，而阿谀往往是夸大其词。在日常交际中，要多一些真心诚意的赞美，少一些阿谀，这样最终会给你带来好名声。

赞美对方不常被提起的优点

就算再差劲的人，也会有一两处值得赞美的优点。例如一个人或许没有什么优点，但玩台球的技术却很高明，或者酒量非常好，这些都可以加以利用。

虽然有的人很在意自己的这些小优点，也有的人根本就不在意。但无论如何，别人赞美他，一定会使他感到高兴。

事实上，有时锦上添花式的赞美，引不起对方太大的喜悦。例如对一位已被公认是很漂亮的女孩子说"你真漂亮"，由于她平时已被夸赞惯了，所以很难让她觉得兴奋。相反，若能找出对方较不易为人所知的优点，则往往可以使对方感到意外的喜悦，甚至带来意想不到的结果。

有一家商店生意非常兴隆，原因就在于他们店里的每一位店员都不断地与购物的人聊天。他们除了会向客人打招呼之外，还不断地找客人的优点来夸赞。例如他们会向一位太太表示，"你这件洋装很漂亮"，然后向另一位太太表示，"你的发型很好看"。他们虽然不断地赞美别人，但却是按每一个客人的不同的个性，选择适当的赞美词。

因此很自然地，这些客人在潜意识中，就会产生到这家商店购物就可以受到赞美的心理，而越来越喜欢到这家商店。

如果我们每次见面都被人夸赞，自然而然地会想再见到这位赞美我们的人，这是任何人都会有的心理。因此，每次见面都找出对方的一个优点来赞美，可以很快地拉近彼此间的距离，起到意想不到的效果。

一间小小的理发室有两个师傅负责设计发型，一个小学徒专门洗头。老实说，很多人都同情那个瘦小的学徒，看得出她很想学发型设计，但由于工作繁杂，加上两位师傅态度冷淡，她只能默默地在肥皂泡沫中消磨她可怜的青春。

有一天，机会来了。新年前的一个月，两个师傅要求加薪不遂，一起辞职，一时请不到人，老板除了亲自上阵外，还给小学徒进行"速成训练"，另外再请个小工负责洗头。

来理发的人把这一切看在眼里，一日，踏入店内，特地指定小学徒来吹饰头发。小学徒受宠若惊，拿着吹风机的手在微微发抖。卷吹梳弄一小时后，朝镜一望，哎呀，那发型硬邦邦的，好似戴了一顶不合时宜的帽子，小学徒侍立一旁，眼巴巴地望着来理发的人。来理发的人却露了个笑容，说："梳得真不错呀，谢谢你！"

这个"善意的谎言"给这位少女带来了自信心。再去时，来理发的人依然指定由她吹饰，小学徒脸上有笑，双手不抖，卷弄梳理，极有韵致。照向镜子时，来理发的人不由得真心实意地说道："你梳得实在很好哩。"

小学徒脸若鲜花，灿然生辉。

虽然只是一句话，可在被赞美者的心里却形成了一种很大的力量，她会重新鼓起自己生活的勇气，她会因为这句赞美之词变得更加自信、完美和坚强。给予他人赞美吧，虽然这是多么的微不足道。

在美国一个音乐大厅，观众都穿着漂亮的礼服，静静地等待钢琴表演。在第一排座位上，有一位妈妈带着8岁的儿子坐在座位上，这个小男孩等得有点烦了，就在座位上一直动来动去。这个孩子趁母亲不在意自己的时候，偷偷地跑到钢琴旁边，他看着那些黑白琴键，就弹奏起来自己平时学的《筷子》。

观众们听到琴声之后都在议论："这是谁家的孩子？他的家长呢？怎么不好好看着自己的孩子？"听到琴声的钢琴大师赶紧跑出来，看到是一个孩子在演奏钢琴之后，就静静地坐在他身旁和他一起演奏这支曲子。小男孩知道自己闯祸了，就很害怕，他的手开始颤抖，这个时候，钢琴大师在他耳边说："你弹得好极了，不要停。"小男孩得到鼓励之后，手指变得更加灵活了，弹完这支曲子之后，掌声不断，孩子的妈妈也感动得流下了泪水。

赞美是一种很大的力量，你会因为别人地赞美高兴不已，别人也会如此。所以，去多说赞美的话吧，别人会因此喜欢你，而你也会因此收获很多。

要发自内心的赞美他人

一位年轻母亲曾讲过一个令人心痛的故事：她的孩子常常因做错事而受到她的责备。但是，有一天，孩子一点错事都没有做。到了晚上，她把孩子放在床上，盖好被子，只见孩子正把头埋在枕头上，在抽泣中问道："难道今天我没有做一个好孩子吗？"

"这一问就像电一样触动着我的全身，"年轻的母亲说，"当孩子做了错事时，我总不放过纠正她，但当她极力往好处做时我却没有注意到，我把她放在床上时，连一句表扬鼓励的话都没有。"年轻的母亲懊悔不已，从那以后她开始学会赞美她的孩子了。

请不要吝惜你的赞美吧，给予你爱的人毫无修饰的赞美吧，你会发现他们比从前更爱你。正所谓"送人玫瑰，手留余香"。

一个自知面貌平庸的少女坠入情网之后，她的情郎反复在她耳畔低语："你那深邃的眸子，散发出如梦如幻的光彩，真是迷人极了。"她一定会容光焕发，自信自己拥有一对足以倾倒众生的明眸，美也当然会眷顾于她。

赞美无须刻意修饰，只要源于生活，发自内心，真情流露，就会收到赞美之效。但要更好地发挥赞美的效果，也需要注意以下几个要点：

1. 实事求是，措辞恰当

当你准备赞美时，首先要掂量一下，这种赞美，对方听了是否相信，第三者听了是否不以为然，一旦出现异议，你有无足够的理由证明自己的赞美是有根据的。

一位老师赞美学生们："你们都是好孩子，活泼、可爱、学习认真，做你们的老师，我很高兴。"这话很有分寸，使学生们既努力学习，又不会骄傲。但如果这位老师说："你们都很聪明，将来会大有出息，比其他班的同学强多了。"效果就大不一样了。

2. 赞美要具体、深入、细致

抽象的东西往往不具体，难以给人留下深刻印象。如果称赞一个初次见面的人"你给我们的感觉真好"，那么这句话一点作用都没有，说完便过去了，不能给人留下任何印象。但是，倘若你称赞一个好推销员："小王这个人为人办事的原则和态度非常难得，无论给他多少货，只要他肯接，就绝对不用你费心。"那么由于你挖掘了对方不太显明的优点，给予赞扬，增加了对方的价值感，因此赞美起的作用会很大。

3. 热情洋溢

漫不经心地对对方说上一千句赞扬的话，等于白说。缺乏热情的空洞的称赞，不能使对方高兴，有时还可能由于你的敷衍而引起对方的反感和不满。

4. 赞美多用于鼓励

鼓励能让人树立起自信心。自信是成功的一半，用赞美来鼓励对方，能达到事半功倍的效果，尤其在"第一次"。任何人干任何事情，都有第一次的时候，如果对方第一次干得不好，你应该真诚地赞美一番："第一次有这样的表现已经很不容易了！"别人会因为你的赞美而树立信心，下次自然会做得更好。

5. 借用第三者的口吻赞美他人

赞美随时随地都能听见，面对面或直接地赞美对方，总有点恭维奉承之嫌。若换个角度，换种说法，也许就好多了。以"第三者"的口吻来赞美对方，说："难怪某某一直说你很不错，今日一见……"可想而知，对方一定很高兴。因此，当面赞扬一个人，有时会令人感到虚假，怀疑你是否出于真心，而间接地在背后赞美对方，会使对方感到你对他的赞扬是真诚的。

6. 赞美要注意适度

过度的赞美，空洞的奉承，都会令对方感到难以接受，甚至感到肉麻、讨厌，结果适得其反。只有适度的赞美才会令对方感到欣慰。适度因人、因时、因事、因地而异，需要不断摸索积累，逐步掌握。

即使奉承也要坦诚得体

人总是喜欢别人奉承的。有时，即使明知对方讲的是奉承话，心中还是免不了会沾沾自喜，这是人性的弱点。一个人受到别人夸赞，绝不会觉得厌恶，除非对方说得太离谱了。

在这个社会上，会说奉承话的人，似乎比较吃香。当一个人听到别人的奉承话时，心中总是非常高兴，脸上堆满笑容，口里连说："哪里，我没那么好。""你真是很会讲话！"即使事后冷静地回想，明知对方所讲的是奉承话，却还是抹不去心中的那份喜悦。因此，说奉承话是与人交际所必备的技巧，奉承话说得得体，会使你更讨人喜欢，而且有利于达成你的既定目标。

方明有件棘手的工作，无法独立完成。他想找李春帮忙，因为李春在这方面颇有研究。可是怎么开口呢？

方明找到李春说："小李，我这有个计划，自己实在搞定不了，帮个忙吧？"

李春面露难色:"我这段时间也挺忙,你还是看看别人有空没有,比如老郑?"

方明说:"小李,这个计划没你帮助,确实是不行啊。"李春见方明态度诚恳,为了不负自己的好名声,就答应了方明的请求,帮他完成了工作计划。

我们在求人办事时,要把对方抬高一点,再高一点。办完事之后,千万不要忘记答谢,否则以后就不会再有人愿意帮你的忙了。

奉承别人首要的条件,是要有一份诚挚认真的态度。言词会反映一个人的心理,因而有口无心,或是轻率的说话态度,很容易被对方识破,而产生不快的感觉。奉承别人时也不可讲出与事实相差十万八千里的话。

例如,你看到一位表情呆滞的孩子,却对他的母亲说:"你的小孩看起来很聪明!"对方的感受会如何呢?本来是奉承话,却变成很大的讽刺,收到了相反的效果。若你说:"哦!你的小孩子好像很健康。"效果就会好些。

所以,奉承别人要坦诚,这样,你所说的奉承话,会成为真正夸赞别人的话,对方听在耳中,自然和听一般奉承话的感受不同。

不要给赞赏打折扣

称赞他人的时候，请不要提及会让赞赏打折扣的旁枝末节。请紧紧围绕赞赏这一主旨，主要谈论对方的成绩。记住，永远别忘记赞美他人，而且要不止一次地去赞美。

但是许多人在称赞他人的时候都很容易犯一个严重的错误：把赞赏打了折扣再送出。不是给予百分之百的赞赏，而是画蛇添足地加上几句令人沮丧的评论或是一些能削弱赞赏的话语。

尤其那些对杰出成绩的赞赏，总是和批评一起"搭卖"。成绩越是突出，人们就越觉得自己有责任去"评论"而不仅是称赞这一成绩。他们无法忍受只唱赞歌，一定要多少挑出点缺憾才罢休。

一位语言学家曾说：同样的音调或语句反复出现时，常具有感化人的力量。

譬如林肯的名言"民有、民治、民享的政府"，倘若他仅为了提出一项政见，仅说"民主的政府"即可。但是，他三度强调"民"字，遂产生更深刻感人的效果。的确，每个人听到这句铿然有力的话语时，都会情不自禁地加深自己对此种理想的政府的向往之情。而在每个人反复听到这样一句赞美的话时，他们也会被感动。

还要小心另外一种错误的观念，即以为打了折扣的赞赏会更真实可信，更有分量。

不要自作聪明地指点同伴，怎样做会更好，哪怕是生活小事。比如："您做的菜味道真好，哪一样都不错，就是汤里的盐多了一点……"这种折扣不仅破坏了赞扬的效果，还有可能成为引起激烈争论的导火索。

有时你必须对某项工作做一次全面的总结和评论，这样一来，赞赏和批评就不可避免地联系在一起。

在这种情况下，你也没有必要把优秀成绩打折，请把总结中的批评当作与赞赏相对立的独立部分。

别让对方的谦虚削弱了赞赏的作用。有些人很少受到表扬，所以听到别人称赞他会不知所措；还有些人在收到称赞的时候想要表明，取得优秀的成绩对他来说是家常便饭。这两种人面对赞赏的反应几乎一模一样："这不算什么特别的事，这是应该的，是我的分内事。"

听到对方这种回答的时候，你不要一声不响，此时的沉默表示你同意他的话，就好像对他说："是啊，你说得对，我为什么要表扬你呢，我收回刚才的话。"

你应该再次称赞他，强调你认为这是值得赞赏的事，请你重复一次对他哪些方面的成绩特别看重，以及你为什么认为他表现出众。

还有人错误地把赞赏他人当成了自我表现的机会。他们以为能够通过打了折扣的赞赏来证明自己的"批判性思维能力"，从而也出出风头，显出他们的理性和水平。

比如，他们会说："您这一生中不断获得成功。不过有一回，那次金融风暴时您的公司日子也不好过，可话又说回来，谁都不会十全十美嘛……"

任何赞赏打了折扣，也会有了瑕疵，从而产生不必要的负面影响。

它就像雪白的桌布上不小心弄上一块黑色的污迹，使人们偏离正题，求全责备。它破坏了赞赏的作用，使受赞赏的一方原有的喜欢之情一扫而空，反而是那么几句"额外搭配"的非议让人难以忘怀。

聊天要聊让人感兴趣的话题

与人攀谈时，要善于寻找话题。有人说："交谈中要学会没话找话的本领。"所谓"找话"就是"找话题"。写文章，有了个好题目，往往会文思泉涌，一挥而就；交谈，有了个好话题，就能使谈话融洽自如。

与人开口交谈关键是要找到共同点。你可以从一个人的服饰、举止、谈吐看出他的心情、精神状态和生活习惯。开始谈话前首先看对方有何与自己相同之处，例如，他和你一样都穿了一双耐克气垫运动鞋，你可以以耐克鞋为话题开始你们的谈话。与陌生人交谈，你最好寻找对方也熟悉的人和事，以此牵线搭桥，引出话题，尤其是与双方都有很深关系的人和事。当谈到此类话题时，你们之间的距离就能很快缩短。

与人交谈，还可以巧妙地借用彼时、彼地、别人的某些材料为题，借此引发交谈。有人善于借助对方的姓名、籍贯、年龄、服饰、居室等，即兴引出话题，常常会收到好的效果。

与人交谈时，还可以先提一些"投石"式的问题，在大略了解后再有目的地交谈，便能聊得更加自如。如在聚会时见到陌生的邻座，便可先"投石"询问："你和主人是老乡还是老同学？"无论问话的前半句对，还是后半句对，都可循着对的方面交谈下去；如果问得都不对，对方回答说是"老同事"，那也可谈下去。

如果能问明对方的兴趣，循趣发问，便能顺利地进入话题。如对方喜爱象棋，便可以此为话题，谈下棋的情趣，车、马、炮的运用，等等。如果你对下棋略懂一二，那肯定能谈得很投机；如果你对下棋不太了解，那也正是个学习机会，可静心倾听，适时提问，借此大开眼界。

引发话题的方法很多，诸如"借事生题"法、"即景出题"法、"由情入题"法等。可巧妙地从某事、某景、某种情感引出一番议论。引发话题，类似"抽线头""插路标"，重点在引，目的在导出话茬儿。

如果实在觉得没有什么好说，可以考虑以下话题。

（1）坦白说出感受。

（2）坦白说出"我很害羞"或"我在这里一个人也不认识"，哪怕是自己嘀咕，也比让自己显得拘谨、冷漠好得多。

（3）谈论周围环境。可以以你好奇的事物为开端，如花瓶、吊灯、某些艺术品等。

（4）提出某些问题。如问别人："你每天的工作情况怎样？"通常人们都会热心回答。

与人交谈要积极寻找话题，但要注意，此时的话题不宜太过随便，否则会给对方留下轻浮、不可信任的印象，影响交谈的进行。另外，要尽量多给对方说话的机会，自己尽可能退居配角的位置，且不时为对方寻找话题，以免冷场。

场面话，会说更要会听

生命不会从谎言中开出灿烂的鲜花，但说些无伤大雅的场面话却是在这个复杂多变的社会中生存下去的必要之举。一个人不可能完完全全地在别人面前表现出最真诚的一面，正如一个人不能把别人说过的每一句话都信以为真一样。场面话，往往是可说不可信的，一旦你违背了这条原则，善良便会退化为愚钝，真诚也会导致自欺欺人的结果。

张文在一单位任职，十几年没有升迁。一次偶然的机会，他和朋友一起在饭局上见到某单位主管人事的干部。在谈话间，这位主管透露说自己的单位有一个空缺，让张文的朋友帮忙看能不能找个人。朋友借机引荐了张文。

那位主管表现得非常热情，并且当面应允，拍胸脯说："没问题！"

张文高高兴兴地回去等消息，谁知半个月、一个月、两个月过去了，一点儿消息也没有。他打电话过去，对方不是不在就是正在开会；问朋友，朋友告诉他，那个位子已经有人捷足先登了。

他很气愤地问朋友："那他又为什么对我拍胸脯说没有问题？"他的朋友也不知该如何回答才好。

事实上，那位主管只不过说了一句应一时之景的"场面话"，而张文却天真地相信了这些话。在人性丛林里，人往往会呈现他的多面性，就拿其中最常见的两面——善恶来说，在不同的时空下，善与恶会因不同的情境而以不同的面貌出现。也就是说，本性"恶"的人，在某些状况之下也会出现"善"的一面；本性属"善"的人，也会因为某些状况的引动、催化而出现"恶"的一面。而何时"善"、何时"恶"，甚至当事人自己有时也无法预测及掌握。所以，当萍水相逢之人在你面前作出许诺时，不能被别人这一时的"善"意冲昏了头脑，应保持理智，让自己回到真实的生活轨道上来。

其实张文应该通过察言观色了解一下对方的真实心意。比如，他可以问一下自己什么时候可以过去跟这位主管面谈。如果主管说出具体的日期，则说明主管"拍胸脯"打包票是真的，否则，不过是为了应付他。

对于拍胸脯答应的"场面话"，你只能保留态度，以免希望越大，失望也越大；只能姑且信之，因为人心无法预测，你既然猜不出别人的真心，就只好抱持最坏的打算。要知道对方说的是不是场面话也不难，事后求证几次，如果对方言辞闪烁、虚与委蛇，或避而不见、避谈主题，那么对方说的就是"场面话"了!

此外,在人际往来中,对于别人称赞或恭维的"场面话",你尤其要保持冷静和客观,千万别因别人的两句好话就乐昏了头,因为他说的那些话很可能是出于别有用心而为之,你如果听了他的话,就会被他所蒙蔽,影响到你对他的真实意图的判断,从而不利于你的交往甚至是危害到你的事业。

交际中,我们作为场面中人,适时地说场面话是不可避免的,要做到掂着对方的心理说,顺着对方的感情说,摸着对方的好恶说。世上有"顺情好说话,耿直讨人嫌"之说,对方爱什么恨什么,喜欢什么反对什么,都弄清了,说话也就有了方向,有了目标,有了依据。有时,要让对方答应某一请求,直说不行,委婉地说反而成功了;正说不行,反说却成功了。而人们办事主要顾及的是目的,而不是怎么说,只要能达到目的,怎么说有效就怎么说。所以,会说是非常重要的。而"花言巧语"正是会说的表现,只要不过分,不讨人嫌恶,就会通过它办成许多事。

同时,我们也要注意到,别人在说场面话时,哪一句是真,哪一句是假;哪一句是客套,哪一句是恭维;哪一句是言在此,意在彼;哪一句是别有用心,另有所图。只有这样,我们才能在人际交往中不为别人的花言巧语所骗,不为别人的信誓旦旦所蒙蔽。

从对方引以为傲之事谈起

每一个人都有几件引以为自鸣得意的事情，这事情的本身，究竟有多大价值，是另一问题，而在他本人看来，却认为是一件值得终身纪念的事。

你如果能事先考察清楚，在有意无意之间，很自然地讲到他得意的事情，只要他对于你没有厌恶的情绪，只要他目前没有其他不愉快的刺激，在情绪保持常态的时候，他一定会高兴听你说的。

谈其得意之事必须掌握一个度：处处表示敬佩，但不要过分推崇，否则反而会引起他的不安。对于这件事情的关键之处，能够特别提出，加以正反两方面的阐述，使得他认为你是他的知己。到了这种境地，他自会格外高兴，自会滔滔不绝，你该一面听，一面说几句表示赞赏。如此一来，即使他是个严肃的人，也会变得和蔼可亲，你再利用这个机会，稍稍暗示你的意思，以示试探，他的反应良好，你便作进一步的适当陈述，如果反应不良，你的话便就此中止，留着这点好感，作为第二次进攻的基点。这不是你的失败，而是你的初步成功，对于涉世经验很丰富的人，得此成绩，已不算坏，你若想一举而竟全功，除非对方对你素有交情，又是正逢高兴的时候，而且你的目的又是很容易令人接受的，否则千万不要存此奢望。

不过对方得意的事情要从哪里去探听，当然要另谋途径，试着问你的朋友之中，有没有与对方交往的人，如果有，向他探听当然是最容易的。你如能留心报刊上的新闻，平日记牢关于对方得意的事情，到时也可以应用。此外随时留心交际场中的谈话，像这些时候，谈到对方得意的事情，也是很平常的。但是必须注意，对方得意的事情，是否曾遭某种打击而消减？如有这种情形，千万别再提起，免得引起对方不快，反而对你不利。因为对方在高兴的时候，你的请求易于接受，在对方不高兴的时候，虽极平常的请求，也会遭到拒绝。比方他晚年得子，是一件得意事情，你去道贺，乘间稍示来意，这是好机会。再比方他新近做成一笔发财生意，你去称赞他目光准，引得他眉飞色舞，乘间稍示来意，也是好机会。诸如此类的例子很多，全在于你随时留心，善于运用。

不过当你想提出请求时，第一要看时机是否成熟；第二说话要不亢不卑。过分显出恳求的神情，反而会引起对方藐视你的心理。尽管你的心里十分着急，说话表情还是要表示大方自然，并且要说出为对方着想的理由来，而不是为你自己打算，才有成功的把握。

要倾听他人而不是倾吐自己

在与人交谈时，有时倾听对方比倾吐自己更重要。善于倾听别人的发言，既反映出一个人的礼仪修养，也是一种高超的交际艺术。在社交场合，一个聚精会神的听众往往比一个慷慨激昂的演说家更受欢迎，也会使说话者感觉自己很重要。善于倾听别人的发言是对他人的尊重，有时还有助于问题的解决。在我们周围，有的人看似不喜欢说话，其实他们不是不喜欢，而是想找一个善于倾听他们说话的人，有了这样的人，他们的话就会滔滔不绝了。

小李的父亲是位知识分子，为人古板，不喜与人交往，每次小李来了熟人，父亲就独自躲到书房，很少与人打招呼。

一次，小李的三个高中同学来到家里。大家见面分外亲热，其中有两位喜欢下棋，闲谈中都是些术语、行话，而另外一位对"黑白世界"一无所知，无聊中去了父亲的书房。这外边三位在棋局上杀得天昏地暗，没去管他。等玩够后，才从书房中把那个同学叫出来，令小李吃惊的是：老父居然送出房门口，还问儿子为什么不留他们吃饭，临行还一再叮嘱：以后有空来玩。在小李的记忆中这是父亲第一次留他的同学吃饭，而且以后还经常问及那位同学为什么不来玩。

小李在惊叹之余，问及同学怎样赢得父亲的欣赏。结果那同学说："没什么呀？你们下棋我不懂，就去到你父亲书房，见你父亲在看一本水利方面的书，就问你父亲是否搞水利的，然后就好奇地问长江大桥的桥墩怎么做的，你父亲就开始给我讲解，如何先将一个大铁筒插进去，将里面的水抽干，挖出稀泥，打地基，直到做好干透，再将铁筒抽掉，你父亲在说，而我只是认真听，也没说什么。"

其实说话不在多少，有时口若悬河，侃侃而谈的人只会引起别人的反感。真正会说话者，首先是一个好的听众，故事中的同学能赢得父亲的欣赏，原因就在此。好的听众表现出的是对他人的尊敬，也是对他人暗示性的赞美。学会倾听别人说话，也是与人友好相处的一个重要途径。

富有魅力的人大多是善于倾听他人言谈的人。真正善听人言者比起善言者更能感动对方，更能唤起对方的亲近感。

平日我们也常听到有人抱怨，或者我们自己也一直在抱怨："为什么表达自己是那样的难。我总是那么笨嘴笨舌的，不善言谈，所以无法很好地与别人相处，人际关系也就总处理不好。"那么还是请你仔细地品味一下卡耐基的这段小故事吧。

不善言谈的人，亦是不善倾听他人言谈的人。因为他在交往中过于在意自己的行为，总是不断地掂量着：一定不能让对方笑话自己，要把话说得漂亮些，否则就得不到对方的认同。另一方面，他又为自己的说话达不到那种理想程度而感到十分苦闷。这样，当然也就不会聚精会神地倾听对方的说话了，免不了忽视对方，很难真正在听别人讲话，而只是随便地点头附和，心不在焉地听听而已，有时甚至不等对方把一段话说完就迫不及待地自己说了起来。这是一种只要求对方听自己说话的单方面的交谈方式。

我们这个时代，是一个自我张扬的时代，即人人都想张扬自我。假如人人都要张扬自我，自然就没有人会认真地倾听别人的言谈了。

实际上在今天，大多数人只知一味地张扬自我，而真心诚意地倾听对方陈述的人已很少见了。正因为如此，我们要像卡耐基那样，要倾听他人而不是倾吐自己。

第五章

不逞一时口舌之快，不主动惹麻烦上身

人际交往中，我们常常可以看到，原本一些鸡毛蒜皮的小事儿，却因有人逞一时口舌之快，而不管不顾，说一些伤害他人自尊的话，最后使得事态更加严重。因此，要想与任何人都能交朋友，切记不要逞一时口舌之快，咄咄逼人，不惹麻烦，麻烦是不会主动找上门的。

争执不下时不妨沉默不语

你若沉默不语，让对方演独角戏，对方会因为得不到任何信息而胡乱猜测，惊慌失措，最后只得屈服顺从。

某企业劳资纠纷闹得一团糟。新的总经理上任之后很快扭转了局面。这位新任总经理使用了什么高招呢？据说他什么措施也没有采取，只是默默不语，每天照常上下班。这家公司的劳动工会的反抗十分强烈，对集体谈判交涉也毫不客气，前任总经理就是受不了这种交涉的挫折而辞职的。新的总经理上任后，劳动工会不放过他，立即派代表来和他交涉，但这位总经理却一言不发，两小时、三小时过去了，仍是如此，劳动工会的人忍无可忍，气愤地抓住他的衣领责问，他还是保持沉默。

这样，这位新上任总经理一直沉默了10小时，劳动工会的成员既感到失望，又觉得自讨没趣，便都悻悻地自行离去了。虽然后来又陆续交涉过几次，但他仍然闭口不言。这时，劳动工会中的某些代表也认为："这位新任总经理的脑壳里不知在想些什么，他一定会有什么安排。"在这种情况下，劳动工会方面只好提出一份妥协计划。至此，劳资双方的争议才渐趋缓和，最后，终于圆满解决。

有时沉默胜过雄辩，新任总经理的工作作风正好印证了这句话。沉默常常会增加对方的不安感，使对方陷入作茧自缚的境地。因为沉默可以断绝传给对方的任何消息和情况，而信息不足或者信息中断，又可使人心里忐忑不安，焦急如焚。例如：遭逢事变时，在外等待的家属如果得不到任何消息，就会不知所措，表现出烦乱焦虑的情绪。同样的道理，如果对方长时间地保持沉默，我方得不到任何消息，只有凭自己揣测的余地，不安感就会日益增强，最后只好屈服于对方。

老练内行的房地产推销员，经常使用沉默这种心理技巧，先带客人到建筑场所参观，回来后却一语不发。因为推销员若开口问客户："怎么样？你满意不满意？"这些反而会让顾客产生疑心。但是，如果一直保持沉默也不行，顾客会这样想："难道他不想卖了吗？是不是房子质量有什么问题呢？"所以当顾客开口这么说："那栋房子……"时，推销员应立即给予回答，至此，顾客已完全落入推销员"圈套"。

反过来，有些人一旦陷入困境，就乱讲乱说，自以为说一些话，就能解除困境。但话说得愈多，所露破绽也愈多，对方一旦抓住你的把柄，就会对你进行猛烈攻击，使你陷入更加不利的地位，结果不得不宣告失败。

让对方发泄情绪，不压制麻烦，麻烦自消

无论生多大的气，一旦尽情发泄之后，也会自消自解。

凡直接与顾客打交道的企业，都配有平息顾客愤怒的专人，这些人大多数是中年人，忠厚和善，且能静心聆听顾客的怨言，一些愤愤不平的顾客，多半情绪激动，往往一见面就大吵大叫，应付这类顾客，需要很高的修养。

人是最古怪的动物。如果让人把心里话全倒出来，尽情发泄自己的不满，其心情自然趋向平静，怨恨至少也能平息大半，即使问题并没有解决。这是因为，人将不满全部发泄之后，会产生问题似乎已基本解决的错觉。

有家电信企业的领导向专家请教有关服务员与客户冲突的解决办法，说他们那里时有与客户争吵的事情发生。问专家麻烦究竟出在什么地方。

经仔细调查，专家发现争吵的根本原因在于服务员对客户的抱怨应对欠佳。例如，有客户认为某月的电话费高得不合道理，而来电信局查询，但服务员却这样回答，"我们的一切收费根据都是经电脑处理的，绝不会错。也许您家小孩趁您不在，常打长途电话吧！"这种把责任全部推给对方的答复，无异于火上浇油，只能使客户更为恼怒，丝毫无助于问题的解决。

根据这种情况，专家建议服务员以后凡遇到用户来查询，最好先认真听他把问题讲完，然后说："好吧，我一定仔细地重新核实。"等过了一段时间，再与对方商谈，这时，由于用户既已把自己想讲的话全部讲完，且又过了一些日子，其火气已大半平息的缘故，所以能客观冷静地讨论问

题的原因，这样，事情就好办多了。实践证明，这方法极为有效。

相反，遇到别人怒遏云霄的情况，仍顽强"拼搏"，针锋相对，结果无疑是两败俱伤，不仅不能解决矛盾，反而加剧双方的冲突。遇到离婚诉讼一类问题，也是同样的道理。切不可针尖对麦芒，而要先让对方把话说完，待其冷静下来，然后心平气和地谈出自己的意见。这样，就会给对方及调停者以良好的印象。同时，因对方的怨恨已发泄缓解，那么，诉讼就会朝有利自己的方向发展。或许，最后还能言归于好，破镜重圆。

善听人言者能自觉闪避对方的怨言且充耳不闻，此乃化解对方怒气的心理战。

说服对方先要解除其心理武装

说服领导采用我们的提案，或说服他人购买我们的产品时，也是一门学问，不懂得其中道理之人，就很易采取以理论直诉的方式。但要知道人是感情的动物，即使理论再正确，道理再正确，仍然无法折服对方的情感，也是常见的事。

特别是领导对你并不具什么好感的时候，无论你的策划再怎么伟大，他虽然表面赞成，但还是以"再研究看看"为终。这种时候，应该用什么样的方式才能让对方接受呢？

在推销产品的时候，也是同样的情形，理论是属于事务性的东西。以事务性的诉求向对方推销，对方是否真的会购买呢？相反，即使对方本来不想买的，也会说："真是太有趣了！我虽不需要这样的东西，但是你很会说话，我就多少买一些吧！"

与其开门见山地讨论主题，倒不如先天南地北地闲扯，解除对方心理的武装，然后偷偷地带上主题，使对方不知不觉入壳，而达到我们的目的，尤其对手是女人时更要如此，女性常是以感情来判断事情，她们根本不需要理论或理智。只要感情上接受的话，哪还管得到什么理论不理论。

如果主要客户是女性的话，一开始就要先撇开话题：

"下一次一定要让我招待才行哦！"

如果对方顺应我们口气时，等于机会已经来临了，但也没有必要就此慌慌张张地谈及生意，无妨再随口闲扯一些别的。

"那我送你到那边去好了。"

"怎么？你不是找我谈生意的吗？"

如此一来，她反而替我们担心了。采取另外一种改装的方式打出主牌，她对你的观点也转变成有好感，真可说是一石二鸟。商谈的内容越重要，越要以轻松的态度来应付，这样才是足以说服对方感情的手段。

最后，不可遗忘的是，一定要在摸熟了对方的心理状况以后，才进行商谈的主题。

公司里的同仁或后辈有事找你洽谈协助，而你却要对方注意生活态度，或自我反省时，本来是出自一番好意，但没想到却反而会受到对方的反唇相讥。世界上自认为只有自己的见解才是最正确，而不愿接受他人的意见，自以为是的人比比皆是。

这样硬指责对方"你的想法完全错误"的，大都以年龄较长或各业界的老前辈较多。而受指责的人，也常常因此愤恨不平："前辈的思想太陈腐了，他根本都不了解嘛！"这种情况时，绝不可以强硬反对。因为事情终会有逐渐明朗化的一天，这种时候利用对方的心理，反过来大力支持对方，尊重对方，才是聪明的做法。假若真的是错误的想法，对方或许因之而失败，而如果他的意见正确，又会使对方对我们有好感。能应用这种方法来与对方商谈时，便可获得极大的效果。

例如，对方找你商谈说"我想离开公司"，如果你这时训诫对方："你辞职以后还能干什么事呢？"就算你本来是一番好意的规劝，但如果他离开公司后，自己经营得更成功时，必然会贬低你在他心目中的地位。

相反地，极力表示支持，尊重对方的意见："如果你真的下定决心这么做，我相信你离开公司也一定会大有作为的。"

像这样地鼓励对方，即使对方最终并没有辞职，对方也不敢在你面前妄自尊大，同时你也因此掌握对方的弱点。假若他离开公司后，真的功成名就，你就变成他的功臣与最大的支持者，感激之情自不在话下，万一失败的话，对方也因之获得教训，惩前毖后。如我们的见解正确，对方也必会对我们大有好感。

此外，也有人与我们交情不浅，但却从不找我们协助。虽然对我们或许并没有什么恶感，但长此下去，慢慢地情感终有恶化的一天。碰到这种情况，最好能在暗中夸奖、称赞他，相信他日后也一定会感激我们。

棘手的问题不妨采用"积极的鼓励法"

一位年轻的姑娘和一个严厉、专横的男人结婚。他的父亲——一个爱对儿媳发号施令的人，也和他们生活在一起。对于他们的强迫命令和苛刻评价，姑娘尽量不动声色，但是，对于他们令人愉快、考虑周到的事情，如帮助她去食品店买东西，则给予热情的赞扬，不到一年，这位姑娘使他们变成了谦和有礼的人。

可见，赞扬对行为有着不可估量的作用。哈佛大学藻类学专家B·F·斯金诺的实验也充分肯定了这一点。他认为，鼓励不仅仅是奖赏和惩罚，它是和一些行为的发生相联系的东西，它有着促使某种行为重新出现的趋向。当动物的大脑接收到鼓励的刺激，大脑皮层优势兴奋中心调动起各个系统的"积极性"，潜在的力量能动地变成了现实，行为发生了改变。

他说："我最初认识到这一问题，是在夏威夷海洋生物公司大型水族馆工作的时候。1963年，我在那里担任海豚教练员的负责人。训练马和狗，可以用传统的训练方法，但是，对那些水生动物，不能使用皮带和马笼头，

'积极的鼓励法'是我们唯一的方法。

"我们训练水族馆的动物,通常采取'条件鼓励法'。运用条件反射原理,我们让一些原始的信号(声音、光等),和一些基本的鼓励(给食物)联系起来,使这些信号在它们头脑中和鼓励的刺激建立稳固的联系,当信号一出现,鼓励的作用也同时出现了。海豚教练员们经常在喂食的时间吹口哨,口哨成了海豚的鼓励信号。我曾见到,在没有给食物的条件下,动物们听到口哨,表演了一个多小时的节目。"

"几年前,在纽约的布朗克斯动物园,看守人准备打扫大猩猩的笼子,唤它出来,猩猩不肯。无奈,看守人摇动手中的香蕉,想吸引它出来,可是,大猩猩不是不予理睬,就是抢到香蕉跑回原处。一个教练员看到这种情况指出,这种摇动香蕉的鼓励方法,从前没有实施过,因此不能奏效。但是,运用'食物鼓励法',无论什么时候,都能奏效。你应该把香蕉放在门前,让香蕉吸引猩猩自己走出来。果然,大猩猩见到门前的香蕉,乖乖地走了出来。"

"我把'积极的鼓励法'应用到日常生活之中,收到了立竿见影的效果。"

"我的孩子不爱劳动,我经常大声地呵斥他,这不仅无济于事,家庭的气氛也很紧张。我改变了教育方式,注意观察他令人喜欢的行为,例如,看到他帮助大人洗盘子的时候,就用赞许的口气鼓励他,果然,他开始热爱劳动了,家庭的气氛也和睦多了。"

一般来说,鼓励有两种形式,肯定的和否定的。肯定的鼓励,出自对主体需要的满足。例如，给动物食物、抚爱、表扬等；否定的鼓励，使用于禁止的、要它回避的事情。例如，打它，对它皱眉头，或者发出不愉快的声响。

只要发出肯定的鼓励信号，行为必然会得到改善。

假如你要某人打电话给你，他没有这样做，你不能鼓励他，因为这是没有出现的事情；当他打电话给你的时候，你高兴地按上述方法去做，他会经常打电话给你的。如果，你用否定的鼓励法，冷淡地对待他，也许，他从此便不会再给你打电话了。

鼓励的力量是相对的，不是绝对的。鼓励是有条件的，比如，下雨对鸭子是肯定的鼓励，对猫却是否定的鼓励；在你温饱的时候，食物并不是鼓励的因素，但是，在训练动物的场所，这是各种鼓励法中最有效的方式。

在海洋上捕杀鲸鱼的人，采用许多种鼓励法。例如，用鱼诱惑，用抚摩、抓挠、引起群体注意的方式，或者利用玩具的作用等。动物们从没想到鼓励引起的行为将是猎人们设下的陷阱。它们的诧异，正是被邀请表演的用意所在。

鼓励是一种信息，通过传导的方式起作用。它准确地告诉对象，你喜欢、需要的是什么。在运动员和舞蹈演员的训练场上，教练的口令"对！"或者"好！"绝不是在训练结束后的更衣室内询问训练情况，事实上，它意味着发出需要动作的一个信号。

观看足球赛和篮球赛时，我们经常被运动员受到喝彩和鼓励的激动人心的场面所打动。每当一个扣篮得分或者精彩的险球之后，场下人群中爆发的雷鸣般的喝彩声使运动员和群众感情交流，融为一体，运动员们受到多么大的鼓舞啊！

鼓励要适时，不能过早也不能过晚。如果你说："噢，孩子，昨天晚上你的行为多么高尚啊！"她会回答："怎么，难道现在我有什么不高尚的行为吗？"当孩子们遇到挫折而灰心丧气的时候，我们应该经常鼓励他们对于没有成功的事情进行尝试。

意见不合时，谨慎表态

李先生长得眉清目秀，一看便知是一个很聪明的人，实际上他也不是假聪明，而是真聪明。他自小就非常勤学，喜欢看书、看报，他对各种知识无不产生浓厚的兴趣，名人演讲、音乐会、展览会，他都是必到，必听，必看。因此，他的头脑真可以算是一部小型的百科全书，天文、地理、历史、科学、政治、经济、文艺、美术，样样都知道。像这样一个博学聪明的人，本来是人人都敬爱的。

不幸的是，他却有一个非常讨厌的毛病，就是偏偏喜欢和人争论。他不利用他丰富的知识去帮助别人，解决别人的难题，却是以为难别人而开心，拿别人的窘态来开自己的心。无论别人说什么，他必定加以反驳，一直驳到别人哑口无言为止。如果别人说某件事是好的，他就一定说是坏的，但如果别人说它是坏的，他就立马反过来，改口说它是好的。总之，他是为驳而驳，以驳倒人家来娱乐自己，来炫耀自己的知识与才能。结果，有他在场，别人都不开口，让他一个人去自说自话。外表上，他是胜利了，"所向无敌"，实际上他是孤独了，"为众所弃"。

在社交场合，无论你自己的知识多么丰富，也不要借此来压倒别人，使人难堪。在别人愿意听你的意见的时候，你可以把你所知道的讲出来，给别人作参考。同时，还要声明你所知的是极有限的，如果有错误，希望大家不要客气地加以指正。

在听到自己不以为然的意见的时候。应不应该反驳呢？这要分几种情形来决定：

（1）如果在座的人，大家都很熟悉，而且经常喜欢在一起讨论问题。那么，就应该根据自己所知，把自己认为正确的道理和真实的事物，照实地讲出来，给大家做一个参考。否则就失掉互相讨论的意义，而且也就犯了对朋友不忠实的毛病，被人家称作"滑头"。不过在态度上应该谦虚，不要因为自己的知识丰富，就显出自命不凡，自高自大的神气来。

（2）如果在座的人，大家都是初交，你对他们的脾气、身世、人格、作风都不大清楚的时候，那么对于那些你不同意的意见就最好不加反驳，然而也不必随声附和，冒充知音。如果别人问到你时，你可以推说："这一点，我还没有好好想过。"或者说："某者的话，也有他的道理，不过各人看法不同，见仁见智，不能一概而论。"在比较陌生的场合，这不能够称作"滑头"，但如果自己明明不同意的意见，也大点其头，大加赞许，那才是真的"滑头"，虽然能够骗取那个发表意见的人一时的高兴，但却被那些冷眼旁观的人所不齿，失掉他们对你的信任。

（3）如果有人在大庭广众之间，发表荒谬至极的意见，或散布对大众有害的谣言，那么就应该提出反驳。但是，在这种场合，就多少需要一点说话的技巧，一方面一针见血地揭露出对方的错误，一方面又能够轻松幽默地争取大家的同情。切忌感情用事，口齿不清，不但把空气弄得太过紧张，而且也不能使别人明了你的意见。在这种时候，就需要考虑得十分周到了。

（4）倘若自己熟悉的朋友，在社交场合说了一些不得体的话，或是发表了很不正确的意见，那么，就要设法替他"解围"，想出一些表面上和他不冲突的话，实际上替他补充，叫别人觉得他的意见并非完全错，只是有点偏差，或是他的本意原非如此，只是措辞上有一点不妥。但事后，却应当单独地向他解释，指出他的错误。

总之，大家见了面，总不免要说话，也就不免会听到自己不同意、不满意的话，对这些话，要采取什么态度，是应该根据当时情形，好好地加以考虑的。

注意语气，讨论不等于争吵

散文中说："善良的天性比机智更令人愉快。"

只要出自善意，讨论也就和谈话一样，相反，那种怒气冲冲的争吵，一方激烈地攻击另一方，同时拼命地维护自己，这正是良好谈吐的大忌。

信念与偏见的区别就在于：信念不需要通过争吵就能阐述清楚。

中国有句谚语："有理不在声高。"

不能说凡是发怒的人观点都是错误的，而是说他根本不懂如何表述自己的看法。讨论的原则是：运用无可辩驳的事实及从容镇定的语调，努力不让对方厌烦，不迫使对方沉默而达到说服对方的目的。

保持冷静、理智和幽默感。只要你能够听他说，他也愿意听你讲。如果我们能让自己专注于问题的讨论，而不是引向感情用事或固执己见，那么讨论就不至于降格为争吵。

如果我们的声音渐渐提高，说出"我认为这种想法愚蠢透顶！"这样的话就是一种伤害他人的反驳了。这时，旁观者焦虑不安，朋友们躲到后面去，也就不足为奇了。为了赢得一场争吵而失去一位朋友，实在是得不偿失的事情。

争吵会使人分离，而讨论能使人们结合在一起。

争吵是野蛮的，而讨论却是文明的。

有些时候，争讨乃至争吵是不可避免的，即使在朋友或夫妻间也难免发生口角，但裂痕却可能隐藏起来。家庭中的情感宣泄有时可能有助于打破沉闷的空气，就像一场雷雨能把暑气一扫而光一样。然而即使如此，争吵以及弥合也最好在私下进行。

有一位朋友参加了一个午餐俱乐部，他们交谈的话题涉及面很广，产生意见分歧是家常便饭。

通常的情况是，某位成员对问题作出了正确的回答，于是，话题就转移到其他方面去了。偶尔，问题暂时无法在餐桌上得到解决，就在下次聚餐时解决。这时，众多成员就会就这个话题下一次赌注，大家把争论的内容和赌注的数目记录在册。然后正式进行查证，输的人付钱，查出的答案也将记录在册。下注之前的交换意见也相当激烈，但这绝不是争吵，而是讨论。因为大家纯粹地是为了愉快，因此双方都努力不以争吵而是以追求真理为出发点，大家都受实证的约束，输的人和赢的人一样愉快地接受裁决。

苛责于人，为众所弃

有位刘先生，自己是一个很好的人，忠忠实实，不说谎、不虚伪，也从来不投机取巧，不做一点亏心的事，也不占别人便宜。

像这样一个好人，怎么会不受别人欢迎呢？

原来他过分看重了自己是个十全十美的人，以为人人都应该以他为模范、为导师。因此,他就喜欢随时随地去教训别人、指导别人,看见别人有一点缺点,就要加以批评、指责。像大人管小孩,老师对学生一样,摆出一副道貌岸然,神圣不可侵犯的神态。甚至于常常有意地夸大别人的缺点,把别人的一时疏忽或无心的过失,说成是存心不良或者行为不端。

同时他又不能容忍别人对他有什么不恭敬,不忠实之处。如果他吃了别人一点亏或受了别人小小的欺骗,那他就把对方当作罪大恶极,无耻之尤,加以攻击、耻笑、讽刺,或谩骂不已。

只要想象一下,就可以知道这种人是多么的令人可怕,到处激起别人的憎恶与反感。

一个人对自己要求十分严格,不做一点错事,这自然是千该万该,十分正确的事。但不要因此就把自己看得太高,以自己的标准来要求别人,以为人人都是坏蛋,只有自己才是圣人。

对别人的过失与错误,首先要分析他们犯错的原因,可能是受到恶劣环境的影响,可能是因为他们自己认识不清,也可能只是一时的疏忽,有时还可能因为求好反而犯了错,主观上求好,而客观上犯了错误。除了一些真正与人为敌的社会败类,应该群起而攻之外,大多数人的大多数错误都是可以原谅,也都是可以改正的。我们应该抱着与人为善的态度,对别人的错误,在不伤别人自尊心的原则之下,诚恳而婉转地加以解释与劝导,安慰他们的苦恼,鼓励他们改正。自己吃了亏,受了骗,只要以后小心提防,不再上当就行了,不必就因此而跟对方结下深仇大恨,却要给对方留一个悔改的余地。倘若一个人得罪了你，你不但不跟他计较，不向他报复，反而要原谅他、宽恕他，遇必要时，还去帮助他。在一般的情形之下，他多半会对你十二万分地感激，十二万分地惭愧，往往也会因此受到你的感化，痛改前非的。

变"命令"为公意，使人心悦诚服

给部下以讨论、修正上司指示的机会，以消除指示的"命令"色彩，而自觉积极地服从上级命令。

某汽车公司的董事长很有些"假公济私"的本事，即使碰到棘手的人事问题，亦能圆滑地将自己的意见演变成"大家的意见"，而使自己的决定得以顺利贯彻。

每当需要重新协调企业的人事关系，进行内部改组，这位董事长就会给下属的经理、部门主管吹风，先传达自己的主旨，再说："为加强某部的工作，急需补充人才，希望各位争当伯乐。如认为谁有出色才能，请及时推荐给我。"过几天后，经理、部门主管送来推荐名单，董事长将名单浏览一遍，但并不表示自己有何意见。

在他看来一般的职员，就才干而言，差别并不大，关键是作为上司能否信任部下，如果是自己推荐的人选，自然会全权负责，且尽心栽培。

这样一来，人事问题便轻而易举地解决了，使人完全没有上司一手包办的感觉；而下属在推荐人才后，会在今后的工作中，进一步提高积极性。

会上，董事长同样运用这种技巧，先将自己意见的要点大概讲一讲，然后说："我就简单地说到这里，至于具体内容、细节，请诸位充分讨论，畅所欲言吧！"说完双目一闭，静静地养起神来。其间，与会者一个个踊跃发言，毫无顾忌地谈出自己的意见、想法，等到结论出来后，他才睁眼，说："诸位同心协力，朝着一致的目标前进吧！"然后宣布散会。

实际上，会议决议基本上就是董事长的设想，与会者的讨论，不过是稍加补充、休正罢了。然而，这些参加会议的下属，均有一种自己参与决策的满足感。这样，尽管是上司的命令性提案，却让人觉得这是"公意"，而不会产生压抑的感觉。所以，大家贯彻起来便格外卖力。

用"忠告"来说服对方

人们对于理解、体谅自己的人提出的"忠告"往往会愉快地接受。

作为企业的领导，深感人事调动问题之棘手，虽然反复研究、权衡作出的决定，仍不免引起部分人的不快、怨恨。被降职者，自不待说，而有人尽管没有被贬职，却也由于别人的升迁，而产生自己地位下降的感觉，有人本来只是一般的调动，但也冒出被人轻视的念头。凡此种种，均令主管人事工作的干部头痛心烦。

某大企业有位人事主管，很有些处理人事调动问题的成功经验，即使是被降职使用的职员，他亦可以使其心情舒畅地接受调动。据他介绍，为做好降职职工的工作，应与之个别交谈，先给对方以时间，充分耐心地倾听对方的意见、想法，一直等到对方把心中的苦闷、牢骚全部倾吐，且已感到疲倦时，然后才说："我非常理解您的苦衷。"听上司这么一说，对方的情绪即可安定下来，然后继续说："假如我站在您的角度看，我将认为这是一次机会，去小一点的营业所工作，其好处是：一、人际关系好处理；二、可充分发挥一个人的才干。而且，不少人就是在小营业所干出了名堂，最后被提拔的。"这样一来，对方的被贬职、受轻视之感荡然无存，高兴地接受新工作。

这种劝诫方式，可说是协调人事关系的高明技巧。为说服一个人，决不要下车伊始，大发宏论，而应将自己真实的想法按下不表，先聆听对方的意见，直到对方全部倒出心里话，发尽牢骚，然后再以理解对方的姿态来劝诫、建议。要使对方感到你体谅他，确在为他着想，最后，神不知，鬼不觉，就让对方轻松地接受了你的意见。

那些解决别人烦恼问题的专家们，总是在细心听完烦恼者的倾诉后，再以"如果我处于您的位置""假如我是您……"一类的话作为开头语，进而才提出自己的忠告。这就使对方产生"你真诚帮助我"的感觉，即使眼下的意见事实上于对方不利，对方亦难以觉察。

得饶人处且饶人的原则

在人际关系中，出于各种原因，有时我们会驳别人的面子，这种事情如处理不当，便容易得罪人，结仇家。别人有亏于你，也应该"得饶人处且饶人"，但"饶人"的表示又不能生硬。向心爱的人倾诉衷心，也要委婉含蓄，力戒鲁莽。利用话里藏话暗示他人，是生活中时刻离不开的沟通技巧。

1. 拒绝有方

有些求人的人，由于种种原因，不好意思直接开口，喜欢用暗示来投石问路，这时你最好用暗示来拒绝。

两个打工的老乡，找到城里工作的李某，诉说打工之艰难，一再说住店住不起，租房又没有合适的。言外之意是要借宿。

李某听后马上暗示说："是啊，城里比不了咱们乡下，住房可紧了。就拿我来说吧，这么两间耳朵眼大的房子，住着三代人。我那上高中的儿子，没办法晚上只得睡沙发。你们大老远地来看我，不该留你们在我家好好地住上几天吗？可是做不到啊！"

两位老乡听后，就非常知趣地走开了。

2. 指责有术

一般说来，争辩中占有明显优势的一方，千万别把话说得过死过硬，即使对方全错，也最好以双关影射之言暗示他，迫使对方认错道歉，从而体面地结束无益的争论。有一个机关工作人员在一家餐馆就餐时，发现汤里有一只苍蝇，不由大动肝火。他先质问服务员，对方全然不理。后来他亲自找到餐馆老板，提出抗议："这一碗汤究竟是给苍蝇的还是给我的，请解释。"那老板只顾训斥服务员，却全然不理睬他的抗议。他只得暗示老板："对不起，请您告诉我，我该怎样对这只苍蝇的侵权行为进行起诉呢？"那老板这才意识到自己的错处，忙换来一碗汤，谦恭地说："你是我们这里最珍贵的客人！"显然，这个顾客虽理占上风，却没有对老板纠缠不休，而是借用所谓苍蝇侵权的类比之言暗示对方："只要有所道歉，我就饶恕你。"以十分幽默风趣又得体的方式化解了双方的窘迫。

3. 以喻止兵

在双方激烈的争论中，占理的一方如果认为说理已无法消除歧见时，不妨采取一种外强中干的警示性言语来终止争论，结束冲突。将一个两难选择摆在对方面前，使之失去最后挣扎的基础，就有可能收到警示他人、平息争辩的效果了。生物学家巴斯德，一次在实验室工作时，突然一个男子闯进来，指责他诱骗了自己的老婆。争论中双方提出决斗。清白占理的巴斯德完全可以将对方赶出门去，或者奋起决斗，但是那样并不能解决问题，甚至会造成两败俱伤的恶果。这时候巴斯德沉着地说："我是无辜的……如果你非要决斗，我就有权选择武器。"对方同意了。巴斯德指着面前的两只烧杯说："你看这两只烧杯，一只有天花病毒，一只有净水。你先选择一杯喝掉，我再喝余下的一杯，这该可以了吧？"那男子怔住了，他一下子陷于难解的死结面前，只得停止争论与挑战，尴尬地退出了实验室。

无疑，正是巴斯德提出的柔中带刺的难题，才最终使对方放弃决斗。

4. 释义却难

作出一定的解释，借以表达自己的不满。例如：有一位姓周的女士因公出差，在火车上与一位看起来挺有涵养的男士坐在一起。这位男士主动和她搭讪，周女士觉得一个人坐着也挺乏味的，于是就和他攀谈起来。开始时这位男士还算规矩，和周女士只是谈谈乘车难的感受以及交流交流对当今社会上一些不合理现象的看法。可不知怎的，谈着谈着，这位男士竟然话题一转，问了周女士一句："你结婚了吗？"周女士一听顿生厌恶，于是她态度平和地对那位男士说："先生，我听人说过这样一句话，前半句是'对男人不能问收入'，所以我才没有问你的收入；后半句是'对女人不能问婚否'，所以你这个问题我是不能回答了！请原谅。"那位男士听周女士这么一说，也觉得有点唐突，尴尬地笑了笑，不再说话了。我们不能不佩服周女士的应变口才。寥寥数语，既表达了对对方失礼的不满，又没有令对方下不来台，可谓一举两得。

5. 假装糊涂

听话人听出了说话人话中有话，但却装作没有听出，使对方无计可施。例如，小明对爸爸说："爸爸，今天小伟的爸爸带小伟出去玩了。"小明的爸爸回答说："是呀，我知道了。"这里小明的言外之意是想叫爸爸也带他出去玩，小明的爸爸也听出了儿子的用意，但他故意装糊涂。

6. 暗中交心

从一个人的表情、举止等身体语言能够看出一个人的内心世界。有涵养的恋人往往能从对方的一举一动甚至一颦一笑中体察到他（她）的内心情感。例如，男友观看节目总喜欢滔滔不绝地发表评论时，女友可以用适当的身体语言来表示内心的不满。比如神情专注地观看节目表示无法分心听他的高论，或者找一本杂志来看，以转移视线表示兴趣不一。慢慢地他就会因为自己的高见没有听众而就此打住。恋爱时有些感情热烈的男孩子往往难以控制自己的情感。目光或举止会有意无意地流露出某种企盼。聪明的女友该怎样对待这种过分的表示呢？大声地斥责容易伤害对方的感情，任其所为又并非己愿。不如用愤怒的目光注视他，或者拉下面孔，摆出一副冷漠的神情，定能让他知道你内心的不满，继而不敢随随便便。

生活中我们会不时地触犯别人，也会不时地被别人触犯，但一个有涵养、与人为善的人，自然会得饶人处且饶人，产生矛盾彼此都会心平气和，坦诚交换意见，通过道歉和接受道歉，互相谅解，化解矛盾。

给对方留条后路

"面子"在中国人心目中可谓是一件大事，士可杀不可辱，侮辱别人是何等沉重的一条大罪？但是，当对方"自取其辱"时，你要如何保全对方的颜面，又设法达到自己的目的呢？

一次，郑武公设宴款待来自各国的使者，餐桌上摆着精致绝伦、刻着九条龙的酒杯供各国使者使用。每位使者把玩欣赏自己面前的九龙杯，都对上面精细的刻功赞不绝口。

宴会结束时，一个眼尖的侍卫看到胡国的使者，竟然趁别人不注意时，偷偷拿了一个九龙杯藏到自己的袋子里。

侍卫把这件事报告了大将军，但大将军担心直接向胡国使者要回杯子，会使对方恼羞成怒，因此迟迟不敢有所动作，打算先请示郑武公。

郑武公左思右想，到底要怎么样才能顺利地取回这个九龙杯，又让大家都和和气气的，不伤感情呢？

"我有办法了！晚宴后不是安排民俗技艺给远道而来的贵宾们欣赏吗？我们就加一场魔术表演，让各国使者开开眼界。"郑武公的算盘已经打好，拈着胡子，一副胸有成竹的样子。

吃饱喝足以后，魔术表演正式登场，魔术师将三个九龙杯用黑布盖起来，接着拿了个道具，神秘兮兮地对着黑布比画一下，等到黑布被掀开时，三个九龙杯竟然只剩下了两个。

在众人鼓掌欢呼时，魔术师向观众表示，其中那个凭空消失的杯子被他变到台下观众那里了。然后，魔术师缓缓地走向胡国使者，彬彬有礼地请他打开袋子，把袋子里的九龙杯拿回台上。

胡国使者虽然吃了闷亏，不过碍于情面，还必须配合大家为这个精彩的魔术表演拍手叫好呢！

虽然郑武公坏了胡国使者的好事，但是在达到双赢的前提下，保全了胡国使者的面子。如果郑武公当众揭穿胡国使者令人不齿的行为，即使最后取回九龙杯，却也不免有小题大做的嫌疑，甚至引来吝啬小气的批评，就算有理，也是得不偿失。

记住，多个朋友就等于少了个敌人，给对方留条后路，也就等于给自己留条后路；冲动地撕破脸固然大快人心，但是，撕破脸之后呢？有时你也冲动地断送了自己的后路。

我们不主张对他人包庇，但从另一个角度来说，对待身边的人出现的错误或异常情况，切忌主观臆断，一定要深入调查，查明原委，再对症下药。

某中学曾经有位学生上学经常迟到，上课铃声响过才到教室，而且喜欢跟人打架。同学们对他十分不满，任课教师也大为光火，班主任忍无可忍，上报学校要将他开除。但校长并不同意，而是要教务主任调查情况。通过调查，了解到他在初中时，老师称他为"老油条""草包""笨猪"，同学也不大去理睬他；还了解到他父母离异，判给爸爸，而爸爸又找了一个老婆，还有一个小弟弟。这样的家庭导致他从小无人管，没有享受家庭的温暖和父母的关爱，因而就产生了破罐子破摔的念头，对周围的一切都漠然置之。知道这些情况后，突然之间学校中再也没有人觉得他可恶了，还特地为他召开了一次题为"自信、自爱、奋发图强"的主题班会，特意安排他多参加集体活动表现自己。这样，使他体会到了集体的温暖，自身的价值，从而改掉了身上的不良习气。

关键是你不能钻牛角尖,老往坏处想"这个人太讨厌了"或"我非得教训他一顿不可",这样会使你更加愤怒而气上加气、不能自拔。

当我们践踏别人的感情,当着别人的面批评一个孩子或一个员工,毫无顾虑地伤害别人的自尊时,你只需要几分钟的思考时间,说一两句体恤的话,一点点地了解对方真实的态度,这些对于解除这种刺痛,都有莫大的帮助!

第六章

懂点人情世故，内方外圆处处受欢迎

懂点人情世故并不代表待人不真诚，更不是虚伪。适当的圆滑，即可让人心情愉快，又能提升自己的人际关系，何乐而不为呢？内方外圆会处处受欢迎。

能方能圆，所向无敌

"方"，即方方正正，有棱有角，指一个人做人做事有自己的主张和原则，不被外在事物所左右。"圆"，即圆滑世故，融通老成，指一个人做人做事讲究技巧、方法，既不超人前也不落人后，且能够认清时务，该进则进，该退则退；使自己进退自如，游刃有余。

一个人如果过分方方正正、有棱有角，必将会被碰得头破血流；但是一个人如果八面玲珑，圆滑透顶，总是想让别人吃亏，自己占便宜，也必将会众叛亲离。因此，做人必须方外有圆，圆外有方，外圆内方。

"方"是做人之本，是堂堂正正做人的脊梁。但为人处世仅仅依靠"方"是不够的，还需要有"圆"。"圆"是处世之道，是圆融处世的锦囊。无论是在商场、官场、职场，还是情（爱情亲情友情）场，等等，都需要掌握"方圆"的技巧，才能无往不利。

只有做到能方能圆的人，才能所向无敌。

《菜根谭》中说，对于一个好动的人来说，就像云中的闪电一样飘忽，就像风中的残灯一样忽明忽暗，而对于一个特别喜欢安静的人来说，其实就像已经熄灭的灰烬，也像毫无生机的枯木。这两种人都不合乎中庸之道，其实人应该像在静止的云中飞翔的鸢鸟，同时又好像是在不动的水中跳跃的鱼。只有通过这种心态去观察万事万物，才能合乎道的理想境界。

孔子带着诸位弟子周游列国时，据说有一次，他们师徒在大树下乘凉，等他们走后，人们就把大树给砍掉了。他们路过某个国家，人们就把他们的足印给铲掉了。对于这种侮辱，刚烈的人恐怕早已咆哮："欺人太甚！是可忍，孰不可忍！"然而孔子忍了下来。虽然传说中的他是个大力士，但是他能方能圆，在他看来一生的时间不是很多，不值得将精力浪费在这些侮辱性的事件上。因此，他忍下或者说干脆忘掉了这种侮辱，而是将自己一生的精力和心血都用在了思想传播上。结果他不但得以高寿，而且成了圣人。虽然孔子一生未曾得志，累累如丧家之犬，但是他的仁义主张开拓了两千多年来中国传统文化的一大主流，成了中国知识分子的主心骨。

庄子虽然逍遥游，看似闲淡，其实他也是能方能圆的人。他精神上富有至极，但在现实生活中却不得不与贫困相随相伴。对此，庄子守方，坚持了自己独立于世的精神追求；守圆，对贫穷持达观的态度。虽然贫穷和他如影相随，庄子很想甩掉它，庄子曾经借孔子的故事自嘲："如果富贵求得来，即使给别人赶车我都愿意；如果富贵求不来，那我就只好做自己喜欢做的事情。"庄子甩掉贫穷的种种努力最后都归于失败。然而突然有一天，他玩笑地说是因为他吃肉的缘故，于是，他智慧了，倚着一棵参天大树，悠闲自得，连影子都不见了。他很开心，很快他就在树下做了个梦，梦见大树告诉他说无用就是最大的用处。谁也没有想到，他从此再也没有走出梦境。他的思绪飞到了北海,时而为鲲,时而为鹏。他潜入水中和鱼交流,舞在空中和蝴蝶纠缠,无拘无束。如果心情够好,他还会调侃调侃孔子,杜撰一些故事,聊为一笑。还有贫穷得像庄子这样遗世独立的人吗?有,但是不多。

以方做事,以圆做人

真正的"方圆"之人是大智慧与大容忍的结合体,这样的人既不乏刚烈勇猛,亦有沉静与智慧。真正的"方圆"之人能对大喜悦与大悲哀之事泰然不惊。真正的"方圆"之人,行动时干练、迅速,不为感情所左右;退避时,能审时度势,全身而退,而且能抓住最佳机会东山再起。真正的"方圆"之人,没有失败,只有隐忍,且是面对挫折与逆境时为了积蓄力量东山再起的隐忍。

《三国演义》中有一段"曹操煮酒论英雄"的故事。当时刘备落难投靠曹操,曹操很真诚地接待了刘备。刘备住在许都,在衣带诏上签名后,也防被曹操谋害,就在后园种菜,亲自浇灌,以此迷惑曹操,使他放松对自己的注意。

一日,曹操约刘备入府饮酒,谈起以龙状人,议起谁为世之英雄。刘备点遍袁术、袁绍、刘表、孙策、张绣、张鲁,均被曹操一一否定。曹操指出判断英雄的标准是:"胸怀大志,腹有良谋,有包藏宇宙之机,吞吐天地之志。"刘备问"谁人当之",曹操说:"天下英雄唯使君与我尔。"刘备本以韬晦之计栖身许都,被曹操点破是英雄后,竟吓得把匙箸丢落在地下,恰好当时大雨将至,雷声大作。曹操问刘备,为什么把筷子弄掉了?刘备从容俯拾起来,说:"一震之威,乃至于此。"曹操说:"雷乃天地阴阳击搏之声,何为惊怕?"刘备说:"我从小害怕雷声,一听见雷声只恨无处躲藏。"自此曹操认为刘备胸无大志,必不能成气候,也就未把他放在心上,刘备才巧妙地将自己的慌乱掩饰过去,从而避免了一场劫难。

刘备在煮酒论英雄的对答中是非常聪明的,他用的就是方圆之术,在曹操的哈哈大笑之中,才免去了曹操对他的怀疑和嫉恨,最后如愿以偿地逃脱虎狼之地。

做人要方。每一个行业都有自己不可逾越的行规。比如说:做官就要奉守清廉的原则,否则这官绝对当不长久。为商就要奉行一个"诚"字。真正的大商人必是把诚信放在第一位,绝不会行狡诈、欺骗之伎俩,为一些蝇头小利或眼前得失而失信于天下。

做人要圆。这个"圆"绝不是圆滑世故,更不是平庸无能,这个"圆"是圆通,是一种宽厚、融通的大智慧;是与人为善,是居高临下、明察秋毫之后,心智的提高和成熟。不因洞察别人的弱点而咄咄逼人,不因自己比别人高明而盛气凌人;任何时候也不会因坚持自己的个性和主张让人感到压迫和惧怕;任何情况都不会随波逐流、亦步亦趋,而是潜移默化、润物细无声;这需要极高的素质、很高的悟性和技巧,这是做人的高尚境界。

做人方圆两兼顾，方可成大业。水无常形，兵无常势。遇方则方，遇圆则圆，方圆兼济，必有方圆人生。

据说，当曾国藩平定太平军后，进京面见咸丰皇帝，北京万人攒动，皆想一睹这位盖世功臣的风采，许多精通相术之人更是不会错过给这位湘军统帅相面的机会。可是，令人失望的是：曾国藩竟是一个其貌不扬的糟老头儿。令精通相术之人费解的是曾国藩本应是奸臣短命之相，为何会有这等荣耀的命运？

不管传说是真是假，有一点是可以肯定的，这就是金陵攻克后，朝廷确实对曾国藩有了防范之心，倘若他不改变自己的性格，仍按照以前的性格办事，肯定会落得和年羹尧一样的命运。因此说，曾国藩的确因改变性格而改变了命运。

曾国藩是方圆性格的最典型代表，更是因改变性格而改变命运的人。

的确，在曾国藩的身上，虚名与实利都得到了集中的体现，他这一辈子实在没有白活：吃喝玩乐占了，叱咤风云占了，行权用势占了，建功立业占了，舞文弄墨占了，寿终正寝占了。总而言之，"功名利禄"四字全占了，可谓占尽了令人羡慕的一切好处。

曾国藩在攻打太平军的12年历程中，并非一帆风顺。他数次战败，以致两次投水自杀，还有一次因害怕李秀成的大军袭击而数日悬刃在手，准备一旦失败，即行自杀。他虽然忠心耿耿，还是屡遭疑忌。在第一次攻陷武汉之后，捷报传到北京，咸丰帝大为高兴，赞扬了曾国藩几句，但咸丰身边的近臣说："如此一个白面书生，竟能一呼百应，并不一定是国家之福。"咸丰听了，默然不语。

曾国藩也知会遭人疑忌，便借回家守父丧之机，带着当时同为湘军重要将领的两个兄弟回家，辞去一切军事职务。过了近一年，太平军进攻物产丰富的浙江，清廷十分恐慌，被迫请曾国藩出山，并赐他兵部尚书头衔。于是曾国藩有了军政实权。不久，慈禧太后专政，认为满人无能，开始重用汉人，这为曾国藩掌握大权提供了一个重要的历史契机。

曾国藩性格中的"方圆"，也可理解为"刚柔"。"刚"让他四次抗旨，以保湘军。曾国藩刚练水勇时，水陆两军约有万余人，这时若和太平天国的百万之师抗衡，无异于以卵击石。因此曾国藩为保护他的起家资本，曾四次抗旨。

"刚"是曾国藩性格的本色，如果他一味地刚硬下去，恐怕会的确如相术之人所言，在攻克金陵之后便命丧黄泉。然而，性格是可以改变的。虽然人们常说"江山易改，本性难移"，但对曾国藩这样勤奋读书的人来说，书里的真知灼见的确能令他时时警醒，事事警惕。

如果说"方"即是"刚"，那"圆"必是"柔"。曾国藩性格中的"柔"是锤炼出来的，"柔"的性格使他改变了自己的命运，所谓"方圆人生，刚柔兼济"即此之谓也。

严于律己，宽以待人

在日常的生活、工作中，我们都会与朋友、同事相处在一起，产生各种各样的关系，发生矛盾是不可避免的事情。在这样的状况下，究竟应当采取什么态度？"严于律己，宽以待人"就是最好的原则。

从古至今，"严于律己，宽以待人"是中华民族的优良道德传统，在现在依然应当加以继承和发扬。孟子曾说过这样的话："爱人者，人恒爱之；敬人者，人恒敬之。"一个有道德的人，在同别人的相处中，由于他能够很好地关心别人、尊敬别人，所以，他也能够得到别人的关心和尊重。

从"严于律己，宽以待人"来讲，有三个方面值得我们去注意：

一是在日常生活与工作当中，当自己和同事、朋友以及有关的人们发生利益关系时，应当自觉地关心、照顾他人的利益；发生矛盾时，要主动地替别人多想一些，"宽以待人"，宁愿自己吃一点儿亏。

二是在与他人相处时，要力求做到"施恩莫记，受惠必报"，这也是中华民族的一个重要传统美德。一个人，凡有施惠于他人，给别人以好处的事，就不要把它放在心上，甚至应当把它忘记。因为，忘掉了对他人所施的恩惠，才不会老想着别人来报答自己，对别人存着抱怨的情绪。反过来，凡是受到了他人的恩惠，得到了别人的好处，就一定要想尽一切方法，加以报答，甚至要更多地加以报偿。

三是在与别人的交往过程中，每时每刻都要以一种"设身处地"的思想，来理解别人、体贴别人。在人与人相处的时候，要推己及人，从而达到更好地关心别人的目的。在自己遇到了困难或者是遭遇不幸的时候，总是希望得到他人的帮助，因而在别人遇到困难或者遭到不幸的时候，自己就应当主动地去关心他人。一味地责怪他人、不知道关心别人的人，一生都不会处理好人与人之间的相互关系。

"严于律己，宽以待人"既是一种待人接物的态度，也是一种高尚的道德品质，它可以化解人与人之间的很多矛盾，可以增强人与人之间的友好情感，可以让我们的事业顺顺利利地发展下去。

与此同时，一个人如果可以养成"严于律己，宽以待人"的优良品德，就能在与别人的相处时，严格要求自己，宽恕善待他人，自己的思想境界也会得到不断提高，让自己逐渐成为一个道德高尚的人。

当然，这里面需要提及的是，宽以待人，并非是对所有人都"宽待"。对于善良诚笃的人应该采取宽厚，因为他们的言行没有可以责备的地方。与此相反，恶人所犯过失太多，如果太宽待了，就会造成对他的放纵，助长他的罪恶，因此，一定要以严厉的态度去面对他们的恶德恶行。也有一种人不曾达到善人程度，也没有达到恶人的程度，对这样的人就要因时因事地宽严并用。

用好方圆一路畅通

要成大事，先要会做人；而会做人才能使你在交往中积累人脉资源。若能做到圆通有术，则能在交际往来中左右逢源，进退自如，上不得罪于达官贵人，中不招妒于同行朋友，下不失信于平民百姓。行得方圆之道，人脉大树才能枝繁叶茂，那成大事一定不在话下了。

胡雪岩就是这样一个人，因此，他才能在晚清混乱的局势中立足脚跟，在商业上红极一时。纵观胡雪岩的一生，其成功之处可归结在为人处世上，他能在乱世之中，方圆皆用，刚柔皆施，懂得如何积累人脉资源，并利用它为自己的商业铺路。

胡雪岩认为，如果钱只集中在富人手中，市面就活不起来；况且，过富必遭人妒。穷的越穷，富人越危险，在饥民四起的情况下，富人是没有安宁的日子过的。因此，他很会利用自己财富救济穷人，收得人心。

胡雪岩当初创办庆余堂，并没有打算赚钱，后来因为药材地道、成效灵验、营业鼎盛，大为赚钱。但盈余除了转为资本，扩大规模以外，全部用于行善。平时对贫民施药施衣，水旱灾荒、时疫流行时，则捐出大批成药，这些全是从盈余上支出的，而胡雪岩自己则从来没有用过庆余堂的一文钱。

庆余堂的伙计们都有一致的议论：胡雪岩种下了善因，必会结得善果，他一时垮下去了，但早晚会再站起来。所以，当胡雪岩落难时，所有店员们都一如既往地正常去店里上工，维持店铺的正常运行。

这是胡雪岩性格中"圆"的一个方面，对民行大"善"，而自己成为最大的赢家。

也正是有了这一层考虑，胡雪岩历年都在帮朝廷平靖天下和帮社会赈济方面，作出了大量贡献。

胡雪岩正是有这种利人济世的方法，加上他的超凡的悟性，从而在官商两道如鱼得水。

精明的商人致富后，多"富而好行其德"。陶朱公弃政从商"十九年之中三致千金，再分散与贫交疏昆弟"，西汉商人卜式曾捐款二十万赈济灾民，等等，其本质都是想收得人心，成就大事。胡雪岩与这些前辈们相比，其实不过是小巫见大巫罢了。

圆才会通

水往低处流，人却是往高处走的。人本来和自然万物有所不同，总不能水取下泄之势，人也随其自然，不求向上进取。事情都是人做出来的，不通之处，总要想办法让它通畅才是。

不管是对抢了军火生意的龚氏父子，还是对刁钻霸道的苏州永兴盛钱庄，乃至损害了自己利益的代办朱福年，胡雪岩对他们的回击都很干脆。但有一条原则他总是恪守不渝，那就是：总要给对方留个台阶、留条后路。

圆而通是胡雪岩处世方式的最好概括。

所谓的圆就是圆通、圆活、圆融、圆满，围绕着这一个"圆"字，做足了通、活、融、满，一个大善人型的富商大贾的形象便称道于世人之口了。

大家怎么说，我就怎么说；大家怎么做，我就怎么做。体察了人心的喜怒哀乐，顺随了人们的爱憎善恶。做到了这两点，万事无不可遂，人心无不可得。

胡雪岩圆而神的处世哲学，深得中国传统儒家为人处世之个中三昧，因而在复杂的社会及商务活动中左右逢源。因此，胡雪岩的飞黄腾达便不难理解了。

在为人处世中把"方"和"圆"的处世原则融合在一起，做到该方则方，该圆则圆，就会左右逢源，拥有良好的人际关系。

大事讲原则，小事会变通

在大事上有原则的人，像大山一样可靠，他们是团队制度最忠实的维护者，也是其他团队成员的一把标尺。这种人有主见，遇事不会犹犹豫豫、随波逐流。他们在普通人看来有点儿"傻"，但他们却比普通人更有远见。

无论个人还是团队，信念和原则都是最后底线。一旦突破这条底线，优秀团队就变成失败团队，英才就变成庸才。那些伟大的人物，都宁愿遭受生活的磨难，也决不放弃自己的信念和原则。

墨子的弟子公上让受老师派遣，向越王宣传墨家的政治主张。越王听了很高兴，说："如果您的老师愿意来到敝国的话，我愿把阴江沿岸三百社的土地封给他。"

公上让回来向墨子报告此事，并问："您愿意接受越王的封赏吗？"

墨子反问："你认为越王会实行我的政治主张吗？"

公上让想了想，答道："据我观察，恐怕不能。"

墨子说："那我就不能接受越王的封赏了！"

公上让问："如果得到封地，不是可以在这里实践您的政治主张吗？"

墨子说："唉！不仅是越王不了解我的心意，连你也不了解。如果越王愿意听从我的主张，我自然会酌情去做。如果越王不接受我的主张，即使把整个越国都给我，又有何用？既然越王根本不会采纳我的主张，如果我接受他的封赠，就是拿原则做交易。如果要拿原则做交易，又何必舍近求远跑到越国去呢？我早就在中原地区有所收获了。"

公上让惭愧地说："多谢老师教导，学生实在有些浅薄！"

一个人头脑聪明本领大，当然是好事。但是，如果脑子笨一点儿能力差一点儿也没关系，只要有坚持到底的信念，只要有决不放弃的原则，照样能成为一个优秀的人。

你看《西游记》中的唐僧，除了念经打坐，没看见他有多大能耐。降妖捉怪，提包挑担他全不会，手无缚鸡之力。可他有信念，无论前途有多少艰难险阻，他仍是硬着头皮一路向西；他也有原则，"走路恐伤蝼蚁命"，一言一行不失佛家本色。这"西天取经"的伟大事业，离了唐僧就是完不成。

没有原则就干不成大事。但是，在小事上，也要有根据需要灵活机变的手段。不要用一成不变的眼光看待人，不要用僵化的眼光看待事物，要随时根据人情事理调整自己的办事方法。

古时有一位名叫朱博的官员，听人介绍说，长陵有一个叫尚方禁的富豪，颇有才华，完全可以当守尉。

朱博便派人暗中调查尚方禁这个人。

调查的人回来说道："此人是长陵的大姓，年轻的时候行为不检点，曾经与别人的妻子私通而被发现，现在他的脸上有一处刀疤，就是那时候被人砍伤的。"

朱博点头不语。

过了几天，他又以了解工作情况为名把尚方禁召来，仔细看他的脸，果然发现有一处很深的疤痕。

朱博屏退众人，独自留下尚方禁，问他脸上的伤疤是如何得来的。

尚方禁如实作了回答，然后红着脸，跪在地上请朱博饶恕。

朱博大笑着扶起他说："男子汉大丈夫有一点点过失算什么？我准备为你洗刷掉原先的羞耻，你看如何？"

尚方禁感动得流泪不止。朱博趁势说道："如果我为你洗刷了羞耻，使你成为一个光明正大的人，你可愿为朝廷效力？"

尚方禁连连应诺，表示一定为朝廷鞠躬尽瘁，死而后已。

朱博又告诉尚方禁道："这次谈话你知我知。你以后的任务就是把遇到的奸邪之事都记录下来。"

从这以后，朱博撤销了尚方禁蒙羞的案底，并张贴告示"澄清"尚方禁的冤枉，且一天之内召见尚方禁三次，以表示亲近。

尚方禁早出晚归，四处奔走，风雨无阻，揭发了境内多数盗首及其亲信的违法犯罪之事。

短短一年，由尚方禁提供重要线索而侦破的案卷厚达两尺。朱博借此时机提拔尚方禁为遵县县令。尚方禁感恩戴德地赴任去了。

从道理上来说，尚方禁与别人的妻子通奸，属个人小节，不影响才干，大可任用。但朱博没有因为他的才能而直接任命他，而是给他一个展示才能、立功补过的机会。结果，既得到了一个人才，又办好了事情，其他人也不得不服，可谓一举数得，处理得恰到好处。

抓住"内外"巧"方圆"

人们在谈到"方圆"时，经常将它与"内外"联系在一起讨论。"方圆"与"内外"可以组合成四种不同行事风格的人：外圆内方、外方内圆、外圆内圆、外方内方。怎样和这些品性不同的人打交道呢？那就是"到什么山上唱什么歌"，和不同形态的人物交往，要使用不同的交际之道。

对外方内方的人要诚实委婉

日常交往中，有些人直来直去，有棱有角，从而不太讨人喜欢。他们往往性太直，情太真，血太热，气太傲。他们处世认真，不留余地；做事投入，过于突出；活力四射，难免张扬；才华过人，忘记平衡。他们坚持是我的错，我就承认，决不东推西挡；是你的错，就是你的错，想赖也赖不掉。这种性格的人，便是内方外方的人。表里如一、秉公立世，是对这些人的褒扬。"不为五斗米折腰"，是这类人创下的典故。忠心耿耿的屈原、刚直无私的包拯，是这类人物的典型代表。如果社会上缺乏这种人，那是不堪设想的，因为他们是空气的去污剂，丑行的绊脚石。

同这种人物交往的诀窍是：一是诚实。内方外方的人不会口蜜腹剑，不会阳奉阴违，是值得信赖、值得尊重的人物，所以要待之以诚，关心爱护。如果对他们虚伪猜忌，往往会使他们产生强烈的反感情绪，并且他们还会把这种不满表现在脸上，使你们之间的心理距离扩大。二要委婉。内方外方的人做事不灵活，言辞不变通，往往会使一些人陷入难堪境地，所以和他们交往，要注意婉转。当看到内方外方的人口无遮拦，尖锐抨击时，要采用一个合适的方式转移话题，或者幽上一默，赞扬一句，巧妙地加以引导。内方外方的人是心地纯正、刚直无私的人，不应该因为他们曾经"刺伤"过你，就对他们心存芥蒂。

有位内方外方的大作家在如日中天的时候，接到一位青年的来信。这位青年说，要同他合写一部小说。大作家看后，心中有点儿生气，他在信中毫无保留地写道："先生：你怎么如此胆大包天呢？竟然想把一匹高贵的马和一头卑贱的驴子套在同一辆车上。"这位青年灵机一动，在回信的开头写道："尊敬的阁下：您怎么这样抬举我呢，竟然把我比作马？"在信的后半部分，这位青年将自己的写作特长、潜力，合作的必要性、可行性以及对青年成长的影响等一五一十地写出来。大作家接到信后，哈哈大笑起来，立即回信道："我的朋友：你很有趣，请把文稿寄过来吧，我很乐意接受你的建议。"在这个事例中，青年曲解原意，幽默风趣，言辞诚恳，出奇制胜，说服了大作家。

对外方内圆的人要灵活变通

有些人张口是人民利益，闭口是党纪国法，但肚子里却装的是男盗女娼、个人私利。他们在台上慷慨激昂，俨然一副正人君子模样，台下却干些乌七八糟、见不得人的丑事。这种人在领导眼前、群众面前浑身都是一派正气，但自己心里却非常清楚自己是一个什么样的人物。这样形态的人，便是内圆外方的人。因为他们善于搞言行两张皮，善于玩弄两面术，所以极具欺惑性。在生活的大舞台上，他们是出色的演员。罩着金色光环的贪官，披着慈善外衣的恶人，就是这种形态人物的典型代表。他们很会包装自己，如果剥开这层包装，就会原形毕露。"金玉其外，败絮其中"，是对他们的恰如其分的评价。

如果同这种形态的人物交往，一定要灵活变通，由于他们嘴上一套，心里一套，所以和他们打交道，既不能不听他们说的，又不能完全相信他们说的。如何交往，运用什么策略，采用什么方式，说出什么内容，要根据当时情况灵活变通，切不可被他们的"精彩论述"迷住了双眼，进入了死胡同。与这类人交往，首要的任务是根据各个方面的信息，分析出他的真实内心，然后再对症下药。如此的话，就能够不被他们所迷惑，抓住他们真实意图，达成自己的交往目的。

对内方外圆的人要有礼有节

当直来直去会伤害别人自尊心的情况下，当有棱有角会使自己陷入难堪境地的情况下，当方方正正不能达到满意效果的情况下，有些人会采用圆滑变通的策略。明明是正确的，应该义无反顾地坚持，但因为坚持的阻力太大，就违心地装聋作哑了；明明是错误的，应该理直气壮地驳斥，但为了长远考虑，就压抑着默不作声了。这些人宁可雌伏苟且，亦不雄扬招妒；凡事权衡利害，绝不感情用事。这些人，就是内方外圆的人。他们洁身自好，处世练达，既有原则性，又有灵活性。因为聪明强干，而又锋芒不露，喜怒不形于色，所以八面玲珑，在复杂的人际利害关系中，往往游刃有余。在大厦将倾之际，内方外圆的人会和内方外方的人共同构成支撑大厦的梁柱。洞明世事的诸葛亮、谦虚自律的曾国藩，是这类人物的典型代表。

如果同这种形态的人物交往一定要注意两点：一是要有礼有理。内方外圆的人虽然表面随和，但内心却是厌恶粗俗，仇视邪恶，无礼和无理的人是不能和这类人结为至交的。如果想缩短同这类人的心理距离，就必须表现出你的积极、健康、向上的交往心态。低三下四的言行举止，尽量在这些人面前少出现，如此，才能得到这类人物的认同。二是要有节有度。内方外圆的人，即使对他人相当反感，也不会把不满情绪表现在脸上，他表面上对你很友好，但他的内心究竟如何却使你捉摸不透。因此，同他们交往，一定要讲究分寸，把握适度，不要因为他的脸上挂着微笑，就得寸进尺，忘乎所以。

一位富有的华侨，想到贫穷落后的故乡考察办厂。接待他的乡长非常热情，先是请他到酒店小聚，华侨抹不过面子，只好"入乡随俗"了。但华侨不擅饮酒，几杯下去就面红脖粗，摇头拒饮了。可是乡长为表达自己的"地主之谊"，哪会不让他喝足呢？于是说尽好话，劝其"再进"一杯酒。华侨不忘保持自己的谦谦君子风范，就勉强地多喝了几杯。酒后，乡长为表达自己的"好客之情"，力邀华侨"卡拉OK"一番，本来华侨不喜欢唱歌,但为了不伤及乡长的自尊心,便陪着他折腾了一个晚上。第二天,华侨留下了1万元钱,用以支付昨天的招待费,便离开了这块尚且贫瘠的家园。乡长非常纳闷,华侨一直兴致勃勃,为什么会突然离开呢?唉!乡长不明白华侨的特点:内心方正,看不惯乡长的强人所难,看不惯乡长的浪费时间;而华侨却又圆通,不去当面指责,不丢自己风度。如果乡长在接待华侨一事上有礼有节,恰到好处,那结果是不言而喻的了。

对内圆外圆的人要据理力争

生活中,有些人长于研究"人事",偏重于个人私利,该低的头就低,该烧的香就烧,该拉的关系就拉,该糊涂时就糊涂,该下手时就下手。不但为人处世圆滑老到,而且内心没什么原则,对自己并无什么约束、戒律,很少去追问人生真正的意义。他们遇到好事、露脸的事、有利的事,就去抢;遇到坏事、无名的事、无利的事,就去推。这种人便是内圆外圆的人。与内方外圆的人不同点是,他们一般不会同情弱者,救济穷人,甚至为了私利,还会算计人,歪曲人。这种人的代表,当属一些市井无赖、街头小人。由于他们缺少顶天立地的气概,所以一般不会成大器。

如果同这种人交往,千万要做到据理力争。由于内圆外圆的人内心深处,并无什么必须遵守的做人规则,所以,可能干出损人利己的事情。对他们的不当做法,应该明确指正,不要因为太爱面子,便不好意思将实情说出口，使自己受委屈。另外，与内圆外圆的人合作，要有所保留，有所提防，不要过于相信他们。内圆外圆的人非常清楚自己的缺点，所以也害怕别人不讲义气，不守诺言，因此，和这样的人打交道，要清楚地示意他们：如果你讲信用，那么我就守诺言；如果你不讲信用，那也别怪我不客气。在这种做法引导下，能够使他们在正确的交际轨道上行驶。

某甲，是个典型的内圆外圆的人。工作中，有些需要与大家合作才能完成的事情，他总是会在领导出现时，表现得非常虚心听取同事意见，而领导一走开，便换成另一副脸孔，对同事说："这事还是你有经验，你来做吧。"最后，同事费力把难题解决掉了，他拿着工作报告呈送领导："这几部分，花了我好几个晚上才弄出来，您过目一下，看是否合适？"结果，在表彰时，他比那个出力多的同事得到的奖励多得多。大家难免不服气，但又拿他没办法，毕竟，谁做哪件事，当时也没有记录下来。

圆场也要会"圆"

圆场是方圆术中常用的一项重要的交际技巧。圆场中就是要以"圆"的方式，表达出"方"的本意。在社交活动中，能适时地提供一个恰当的台阶，使人免丢面子，是圆场的一大原则。然而，台阶怎么个给法，圆场应该怎么打，并不是所有的人都很清楚。这里有以下几点需要注意：

1. 要注意不露声色

既要使当事者体面地"下台阶",又尽量不使在场的旁人觉察,这才是最巧妙的"台阶"。有一则报道很能启发人。一次,一位外国客人在天津水晶宫饭店请客,请 10 个人要 3 瓶酒。饭店女服务员小丁知道 10 个人 5 道菜起码得用 5 瓶酒,看来客人手头不那么宽裕。于是,她不露声色地亲自给客人斟酒。5 道菜后,客人们酒杯里的酒还满着。这位外宾脸上很光彩,感激小丁给他圆了场,临走时表示下次还来这里。

善于交往的人往往都会这样不动声色地让对方摆脱窘境。

2. 要注意用幽默语言作为"台阶"

幽默是人际交往的润滑剂,一句幽默语言能使双方在笑声中相互谅解和愉悦。

作家冯骥才在美国访问时,一位美国朋友带着儿子到公寓去看他。他们谈话间,那个壮如牛犊的孩子,爬上冯骥才的床,在上面拼命蹦跳。如果直截了当地请他下来,势必会使孩子的父亲产生歉意,也显得自己不够热情。于是,冯骥才便说了一句幽默的话:"请你的儿子回到地球上来吧!"那位朋友说:"好,我和他商量商量。"结果既达到了目的,又显得风趣。

3. 要注意尽可能地为对方挽回面子

有时某种意外情况使对方陷入了尴尬境地,这时,你在给对方提供"台阶"的同时,如能采取某些妥善措施,及时为对方面子上再增添一些光彩,那是最好不过的了，必定会使对方更加感激你。

下面介绍几种圆场的方法：

1. 指鹿为马，巧妙化解

有时某种行为在特定场合中虽有着特定意义，但圆场者为了化解，却巧妙地解释为另一种意义。

戈尔巴乔夫偕夫人赖莎访问美国时，在赴白宫出席里根的送别宴会途中，突然下车和行人握手问好。苏联保安人员急忙冲下车，围上前去，喝令站在戈尔巴乔夫身边的美国人把手从口袋里抽出来。他们担心行人口袋里有武器，行人对此却一时不知所措。这时，身后的赖莎十分机智，立即出来打圆场，她向周围的美国人解释说，保安人员的意思是要人们把手伸出来，跟她丈夫握手。顿时，气氛变得热烈了，人们亲切地同戈尔巴乔夫握手致意。

这里，赖莎灵巧应变，妙打圆场缓解了当时尴尬的场面。

2. 善用假设，巧避锋芒

在特定的交际场合，有时碍于面子或把握不准，可以用假设句去表达。

甲有两个朋友乙和丙，不料这两人反目成仇。一天乙对甲说，丙在众人面前说甲的坏话并揭其隐私。甲听后半信半疑，骂丙吧，怕冤枉好人；不骂吧，一来怒气难消，二来怕乙尴尬。他琢磨了一会儿，说了一句两全其美的话："如果真如丙所说的话，丙可是冤枉了我！"

当遇到与师长、上级辩论，你认定自己的观点绝对正确，可是出于礼貌或无奈不能坚持时，假设句是很好的解围方式。一个学生和班主任争论男生能不能到女生宿舍串门儿。老师一口咬定绝对不能。学生很长时间不能说服老师，又见老师似有怒意，为了结束争论，给老师一个台阶下，他巧妙地说："如果老师说得正确，那我肯定错了。"这本是一句废话，它并没有肯定老师的观点，然而这位老师听后却不再争执了。

有时，对不愿意或不好回答的提问，也可采用这种句式。问题："你爱王小姐吗？"回答一："如果她爱我，我就爱她。"回答二："如果她可爱，我就爱她。"回答三："如果我爱她，那就是爱上了她。"由于附加了假设的条件，使表达变得婉转，所以问话者、说话者和涉及对象都能接受。

3. 主动背黑锅，化干戈为玉帛

领导对下属之间发生的纠纷，有时只要敢于背黑锅，主动地承担责任，就可以化解双方的矛盾。

小王和老周同在办公室工作。一次，小王去听报告，老周不知道，因此对小王很有意见，当面质问小王为什么不告诉他听报告的信息，两人因此而大吵起来。彭主任了解吵架的原因后，对老周说："听报告没有通知你，这不是小王的错，是我没有要他通知你，因为你们两人有一个人去听报告就行了。你如果有意见就对我提吧，不要责怪小王啊。"老周听后，觉得自己错怪小王了，于是主动向小王致歉，结果他们又和好如初了。

以上介绍了几种常用的圆场术，还望大家能够举一反三，活学活用。怎样才能圆得巧妙和恰当，实际上很难穷尽其法，一篇文章也不可能全部说到。希望大家在交际实践中，发挥自己的聪明才智，并时时留心他人的高明做法，这才是圆场术取得进步的不二法门。

第七章

人际关系浅点就好，
不要见人就掏心掏肺

人生无非亲情、爱情、友情。随着 E 时代的到来，改变了人与人之间原有的交往模式。很多人通过网络结识了新朋友，一个全新的网上社会似乎正在形成，人与人之间接触越来越多，变得越来越透明。殊不知，这会无形中给自己的人际关系造成很大的压力。要想获得更多的朋友，其实，人际关系浅点就好。

对人对事不要太认真

"水至清则无鱼，人至清则无友。"做人不能一点都不在乎，游戏人生，玩世不恭；但也不能太较真，认死理。太认真了，那样，就会对什么都看不惯，连一个朋友也容不下，就会把自己封闭和孤立起来，失去了与外界的沟通和交往。

桌面很平，但在高倍放大镜下就是凸凹不平的黄土高坡；居住的房间看起来干净卫生，当阳光射进窗户时，就会看到许多粉尘和灰粒弥漫在空气当中。如果我们每天都带着放大镜和显微镜去看东西，恐怕世上没有多少可以吃的食物，可以喝的水、可以居住的环境了。如果用这种方式去看别人，世上也就没有美，人人都是一身的毛病，甚至都是十恶不赦的大坏蛋了。

人非圣贤，岂能无过，人活在世上难免要与别人打交道，对待别人的过失、缺陷，宽容大度一些，不要吹毛求疵、求全责备，可以求大同存小异，甚至可以糊涂一些。如果一味地要"明察秋毫"，眼里揉不得沙子，过分挑剔，连一些鸡毛蒜皮的小事都要去论个是非曲直，整个输赢来，别人就会日渐疏远你，最终自己就变成了孤家寡人。

古今中外，凡能成就一番大事业者，无不具有海纳百川的雅量，容别人所不能容，忍别人所不能忍，善于求大同存小异，赢得大多数。他们豁达而不拘小节，善于从大处着眼；从长计议而不目光短浅，从不斤斤计较，拘泥于琐碎的小事。

多数人仅仅是在一些小事上较真。例如，菜市场上，人们时常因为几角钱争得脸红脖子粗，不肯相让。至于一台电视两千元和两千一百元的一百元差价，人们经常就会忽略掉，不去较真。

要真正做到不较真，不是件很容易的事，需要善解人意的思维方法。

例如，有位顾客总是抱怨他家附近超市的女服务员整天沉着脸，谁见她都觉得好像自己欠她二百吊钱似的。后来他的妻子打听到这位女服务员的真实情况，原来她的丈夫有外遇，整天不着家，上有老母瘫痪在床，下有七八岁的女儿患有先天的哮喘，自己也下岗了，每月只有两三百元的下岗工资，住在一间１２平方米的小屋里，难怪她整天愁眉不展。明白至此，这位顾客再也不计较她的态度了，而是想法去帮助她。

在公共场所，遇到了一些不顺心的事，也用不着去动肝火，其实也不值得去生气。素不相识的人不小心冒犯了你可能是有原因的，也许是各种各样的烦心事搅在一起了，致使他心情烦躁，甚至行为失控，偏巧又叫你给撞上了……其实，只要对方不是做出有辱人格或违法的事情，你就大可不必去跟他计较，宽大为怀。假如跟别人较起真来，刀对刀，枪对枪地干起来，再弄出什么严重的事儿来，可真是太不值了。跟萍水相逢的人较真，实在不是明智之举；跟见识浅的人较真，无疑是降低自己做人的档次。

清官难断家务事，在家里更不要较真，否则真是愚不可及了。家人之间哪里有什么大是大非、原则立场可讲，动不动搞得就像阶级斗争似的，都是一家人，何至于此？家是用来讲爱的地方，不是用来讲理的地方。大事化小，小事化了，去和稀泥，当一个笑口常开的和事佬。有位智者说，大街上有人骂他，他连头也懒得回，他根本不想知道骂他的人是谁，因为人生短暂而宝贵，还有更重要的事情需要去做，何必为这种令人不快的事情去浪费时间呢？

提倡对某些事情不必太较真，可以"敷衍了事"，目的在于有更多的时间和精力去做我们认为值得干的一些重要事情，这样我们成功的希望就多一分，朋友的圈子就能扩大几分。

学会"装"，藏住心思

为人处世是一门学问，甚至是用毕生精力也未必能勘破其中三昧的大学问。多少不甘寂寞的人穷原竟委，试图领悟到人生真谛，创造出自己人生的辉煌。然而人生的复杂性使人们不可能在有限的时间里洞明人生的全部内涵，人们对人生的理解和感悟又总是局限在事件的启迪上。要想活得潇洒，处世不能玩世不恭、游戏人生，但也不能太较真，认死理。"水至清则无鱼，人至察则无友"，太认真了，就会对什么都看不惯，连一个朋友都容不下，把自己同社会隔绝开。肉眼看很干净的东西，拿到显微镜下，满目都是细菌；镜子很平，但在高倍放大镜下，就成了凹凸不平的山峦。如果我们"戴"着放大镜和显微镜生活，恐怕连饭都不敢吃了。再用放大镜去看别人的毛病，恐怕那家伙就罪不容诛了。

碰上貌似老实的人，人们往往一见如故，把"老底"全都抖给对方，也许会因此成为知心朋友。但在现实中，更多可能的情况是：你把心交给他，他却因此而看扁你，更有甚者会因此打起坏主意，暗算于你。所以说，在待人处世中，尤其是对摸不清底细的人，一定做到"逢人只说三分话，未可全抛一片心"。否则，吃亏受伤害的将是你自己。

李厂长出差的时候在火车上遇见一位"港商"，二人一见如故，互换了名片。这位港商举手投足之间都显示出一种高贵气质，这使李厂长对其身份毫不怀疑。恰巧二人的目的地相同，港商又对李厂长的产品非常感兴趣，似有合作意向，李厂长便与之同住一个宾馆，吃饭、出行几乎都在一起。这一天，李厂长与一客户谈成了一笔生意，取出大笔现金放在包里。午饭后与港商在自己屋里聊天，不久李厂长起身去卫生间，回来时出了一身冷汗：港商和那个装满钱的皮包都不见了！李厂长赶紧报警。几天后案子破了，罪犯被抓获后李厂长才知道，原来他并不是什么港商，而是一个职业骗子。这让李厂长对自己的轻易相信他人、交出自己底细的做法痛悔不已。

要知道，秘密只能独享，不能作为礼物送人，再好的朋友，一旦你们的感情破裂，你的秘密将人尽皆知，受到伤害的人不仅是你，还有秘密中牵连到的所有人。

在人际交往中，有许多场合都可以使用"装"的办法，躲开别人说话的锋芒，然后避实就虚、猛然出击。其技巧关键在于躲闪避让的机智，虽是"装"，正如实施"苦肉计"一样，却一定要表演得自然。

俗话说，真人不露相，露相非真人。才能出众不是智慧，真正有智慧的人往往并不显露自己，因为过于显山露水只会让智慧发挥它的副作用，导致"聪明反被聪明误"的后果。所以，刻意隐藏智慧往往是智者的第一选择。这其中自有智者对智慧的独特认识，但更多的还是他们对智慧的副作用心存忌惮。智慧会引人注目，但如果在引人注目之后不能为人效劳，就容易引起他人的嫉妒或忌惮，所以，智者都懂得隐藏智慧，保全自身。做不到这一点的人，总是那些不知收敛的人，他们的结局大多不妙。

因此，做人切忌恃才自傲，不知饶人。锋芒太露易遭嫉恨，更容易树敌，藏巧守拙才是长远之道。

张良是汉高祖刘邦的谋士，他智慧过人，屡出奇计，为西汉的建立立下了不朽的功劳。汉高祖六年（公元前201年），刘邦大封功臣，请张良自选齐地三万户，作为封邑。张良推辞不受，最后被封为留侯。

对于张良的谦逊，很多人颇为不解。跟随张良多年的心腹一次忍不住问张良："富贵荣华，这是人人都不愿放弃的，大人何以功成之时，一概不求呢？大人也曾是义气中人，这样销声匿迹，岂不太可惜了吗？请大人三思。"

张良随口一叹说："正因如此，我才有如此的抉择啊。"

张良的心腹闻言一怔，茫然不语，张良低声说："我年轻时，散尽家财，行刺秦王，追随沛公，唯恐义不倾尽，智有所穷，方有今日的虚名。时下大局已定，天下太平，谋略当是无用之物了，我还能彰显其能吗？谋有其时，智有其废，进退应时，方为智者啊。"

张良和外人从不袒露心声。好友探望他，他从不议论时事。一次，吕后因刘邦要废掉太子刘盈之事派人求张良帮忙，软硬兼施之下，张良无奈出了主意，让吕后请出商山四皓辅佐太子。刘邦一直崇敬这四个人，待见他们出山相助太子，大惊失色，自知太子羽翼已成，不得不放弃了废太子的念头。

吕后派人向张良致谢，张良却回绝说："这都是皇后的高见，与我何干呢？请转奏皇后，此事千万不要再提起了。"

吕后听了使者回报，感叹良久，她对自己的妹妹说："张良不居功是小，弃智绝俗才是大啊。我先前只知道他智谋超群，今日才知他是深不可测，非我等可以窥伺得了的。"

刘邦死后，吕后专权。张良对世事的变故一概不问，求见他的大臣他也一律不见。吕后见他潜心研学道家养生之术，便不以他为患，反而对他愈生钦敬，她派人对张良说："人的一生，十分短暂，应该及时享乐。听闻你为炼仙术，竟致绝食，何须如此？切不要自寻烦恼了。"

在吕后的一再催促下，张良这才勉强用饭。吕后对其他的大臣或杀或贬，却独对张良关爱有加。

张良因为看透形势，不自恃功高而邀功请赏，打消了刘邦和吕后对他的防范之心，并且在实际行动中也给他们以闲云野鹤、不问政事、不计名利的印象，从而保全了自身。这种"装"，是一种难得的大智慧。

在现实处世中，张良的智慧是非常值得那些身处名利或权力斗争旋涡中的人们借鉴的。

当某种局面难以驾驭时，可以装聋作哑地应付过去。这样既可以保全自己，也可以使对方的语言或行为失去应有的效力。

交浅不可言深

交浅不可言深，就是指对交情浅的人不能说知心话。人与人之间相处最忌交浅言深。这种情形如果发生在办公室，它所造成的负面影响不能小看。

如果你刚到一个新的工作环境，同事对你表示友善的态度，约你和大家一起出外午餐，有说有笑，无所不谈。但其中一名同事可能跟你最谈得来，乐意把公司的种种问题以及每一位同事的性格尽情地告诉你。你本来对公司的人事一无所知，自然会很珍惜这样一位"知无不言，言无不尽"的同事，彼此谈得相当投机。你开始降低自己的防卫，看到什么不顺眼、不服气的事情，也与这位同事倾吐，甚至批评其他同事不是之处，借以发泄心中的郁闷。

如果对方不是一个喜欢传播是非的人，如果他站在你的立场上忠心支持你，问题自然不大。但你了解这位同事有多少？你凭什么可以判断他不会把你的话传播给别人？要知道"来说是非者，便是是非人"。你怎么知道你与对方不过数月的交情，比他与其他同事的感情来得深厚？为这一时之快，你把不该说的说出来，对方便抓住了你的"小辫子"，或者说，对方的手上便有了一张打赢你的王牌，随时随地都可以把你曾批评过其他同事的话公之于众，那时你在公司还有立足之地吗？

与领导者之间更不要交浅言深，要注意说话的分寸。当领导欲提升某职员而向你征询意见时，面对领导对你如此"器重"，你该怎样做？面对这种情况，请三思而后言，因为你的表现可以影响你的人际关系。

如果你觉得这位职员十分突出，你说"他是个很好的助手"这类评语则显得太空泛了，领导会认为你在敷衍他。你应该列出这位职员的一些具体的例子以辅助说明你的论点，这样才显出你是认真对待这个问题。比如你可以说："他往往能说服一些固执的顾客去尝试一些新的交易形式。"这样一来，领导自然会觉得你不是在有意敷衍他。

如果领导考察的这个人将来在晋升后的职位上表现出色，那么你的功劳也不小啊。

要是你认为此人颇为能干，但有些方面仍不足时，你可以先说一下他的优点，然后有所保留地说："如果他在某某方面再努力提高一些更好。"这样一来，你做到对他的能力进行客观评价，总比你说他能胜任新职要好，因为，你没有把话说得太满，如果以后他的表现令人失望，也与你无关。

若你觉得此人根本不胜任，你不妨这样说："我跟他接触不多，不能妄断呀！"这样一来，领导自然是明白，从你这里是不会得出任何有效的信息的，他也便不会多问。

总之，虽然跟领导交谈要坦诚，但对于这类敏感事件，还是要把握好"度"，不要随便地打开天窗说亮话为好。因为，如果稍不注意，便会让自己陷入"得罪人"的境地。

此外，面对诉苦的同事时，也应该做到交浅不可言深。同事间因为夹杂了利害关系、人事关系，今天的好搭档，明天却有可能变成对手。所以为了保护自己，最好别轻易将感情放到同事身上，只要合乎礼貌，一般的人情就可以了。

比如，当某同事向你诉苦时，你不妨这样做：依然表示关心对方，但不要单独表示关心。也就是说，对方找到你，你明知他有大量"苦水"，你也可以多邀一位同事一起去开导他。对方讲的是私事，倒不妨客观地给他分析，但提意见时则避重就轻。"我以为这件事不一定是好事，但我的意见并不全面，奉劝你重新将整件事分析，再决定对策。"若对方烦的是公事，那么你只宜当听众了，以免卷入无谓的漩涡。

那么，在不小心的情况下交浅言深了怎么办呢？

比如：你与某甲吃午饭，你觉得某甲与某乙很友好，所以你以为对方一定对某乙的事了如指掌，于是说话时没经过大脑，很随便地将有关某乙的小秘密泄露了出来。你对某甲说："某乙那天碰钉子，真是倒霉！"对方瞪着双眼反问："究竟发生了什么事呢？"当下，你明白碰钉子的是你自己，如何"补救"？

你可以这样答复对方的问题："我是说某乙那天迟到却碰巧遇到上司罢了。"随便找一个小事谈谈，装作一副漫不经心的样子，然后赶快另找一个话题，将对方的注意力分散。

这种错误，其实只有你自己知晓，所以没有必要慌乱。避重就轻地一带而过是最好的办法。这样，即使事情搞大了，起码泄露的人不是你！

不只是在职场中要做到交浅不言深，在生活中，有些时候也要做到交浅不言深，你做个乖巧的听众即可。

比如，你的两位相识由亲密恋人宣告各走各的路，而他俩又分别向你诉苦，数落对方的不是。本来，别人的情史跟你无关，但碍于同是相识，你是没有理由掩耳跑开的。这时候，你不妨做个听众，只是最好别做唯一的听众，因为这样的话，容易让自己陷于困境。

总之，交浅不言深就是要你在遇到一些特殊的交际情况时，为了保护自己和当事人，做到与交际对象保持一定的距离，不轻易表达意见。

适度距离才有"美"

朋友之间亲如手足是应该的,但亲密并非一点"间距"也没有。德国哲学家叔本华曾经对人和人的关系有过精彩的描述,他说人和人之间就像是一群寒夜里的豪猪,因为太寒冷想要靠在一起取暖,但是距离太近了又会被彼此身上的利刺扎痛,所以它们总是试图在两难的境地,找到最合适的距离。在交际中也应当知道与对方保持适当的距离。

交友的过程往往是一个彼此气质相互吸引的过程,因为你们有共同的"东西",所以很容易一下子就越过鸿沟而成了好朋友,甚至"一见如故,相见恨晚"。但再怎么相互吸引,双方还是有些差异的。因为彼此来自不同的环境,受不同的教育,因此人生观、价值观再怎么接近,也不可能完全相同。当两人的"蜜月期"一过,便无可避免地要触及彼此的差异,于是,有些不明智的交际者,在此时便会试图改变对方。当自己的要求不能如愿,便开始挑剔、批评对方,甚至结束友谊。

人就是这样奇怪:未得到时,总想得到;未靠近时总想贴在一起;真正得到和靠近了却又太过苛求。人总在无意中伤害着他们自己。很奇妙的是,好朋友的感情和夫妻的感情很类似,一件小事也有可能造成感情的破裂;所以,如果有了好朋友,与其因太接近而彼此伤害,不如"保持适度距离",以免关系破裂!

所谓"保持适度距离",简单地说,就是尊重彼此的差异,不要越过彼此的某些不可逾越的私人空间,不要过度亲密,甚至干涉别人的隐私之类,做到心灵贴近,互相理解,互相尊重,有所为而有所不为。

"保持适度距离"的关键在于"度",有了这种"度",就会相互尊重,避免碰撞而产生伤害。但运用这一技巧时,一定要注意这个"度":

一是不要拉大距离。如果距离过大,就会使双方疏远。尤其是现代商业社会,大家都在为自己的事业奔波,实在挤不出时间,这样很容易忘了对方,因此,一对好朋友也要经常打个电话,关心一下对方的近况,偶尔碰面吃吃饭,聊一聊,否则就会从好朋友变成一般的朋友,最后变成只是熟人罢了,两人的友情等级会逐渐递减!这里的距离是指心理距离、情感距离,而不是空间距离。关心朋友需要你关心的心理和情感,不去过度追问对方的隐私,这就是适度的表现。

二是不要让距离过小,甚至是没有距离。这也是"过度"的表现。有些人自以为朋友和自己亲密无间,说什么他都不会计较,便常在朋友面前诉说对他的不满。如果这位朋友心怀宽广,知道你的良好用意还好,但如果他不像你想象中那么大度,则很有可能记恨在心,甚至找机会报复你。因此,你在坦言之前,最好是认真思考一下朋友的性格特点,看对方是否能够接受,是否会产生逆反心理,是否会影响到你们之间的友谊。

那么,从空间距离上看,到底人与人之间保持多远的间距合适?这里,没有一个固定的答案，每个人都有自己的一个心理距离标准，并希望与任何人都能保持在这个标准范围内。

乘坐陌生司机的车，大多数人喜欢坐在后座，因为可以离司机更远一些，隐私性也更高一些。

在银行排队等候办理业务，他希望背后的人能离他一米远，只要近一点儿，他就会产生心理压迫感。

与朋友会面，他希望能够把彼此的谈话距离控制在60厘米左右，这样他才能更顺畅地谈笑风生。

人渴望亲密，但人们又都是爱保持距离的动物。

如果与友人出行，你勾肩搭背无间距，别以为这是讨人喜欢的举动，实际上，你身边的人也许正悄悄地感觉着不自在。

什么事情都有限度，如果和朋友走得太近，不分彼此，只能给彼此带来不必要的麻烦。因此，与朋友适当保持一点儿距离，让彼此都有属于自己的自由空间，你们的友谊便会更进一步。

此外，在结交朋友的时候，不要轻易把自己的所有特点（包括缺点）完全暴露给对方，过于坦诚，对友谊并无多少好处，何况你把自己完全"交给"对方，对于对方本身就是一种负担。

请记住一句话：适度的距离才会产生"美"。

事无不可对人言，逢人只能说三分

谚语说，逢人只说三分话。你也许以为大丈夫光明磊落，事情没有不可对人说的，何必只说三分话呢？细察老于世故的人，的确只说三分话，你一定认为他们狡猾，不诚实，我却以为说话须看对方是什么人。

对方如果不是可以尽言的人，你说三分真话，已不算少了，连孔夫子也说："不得其人而言，谓之失言。"对方如果不是相知的人，你也畅所欲言，以快一时，对方的反应是如何呢？你说的话，是属于你自己的事，对方是否愿意听你的呢？若你与对方关系浅薄，你却与他深谈，只显出你的没有修养而已。你若不是他的诤友，就不配与他深谈，忠言逆耳，只会显出你的冒昧，如果你不明白对方的立场如何，对方的主张如何，你偏高谈阔论，轻言更易招祸呢！

所以逢人只说三分话，不是不可说那七分话，而是不必说，不该说那七分话，这跟"事无不可对人言"并没有冲突。事无不可对人言，是指你所做的事，并不是必须尽情向别人宣布。老于世故的人，是否事事都可以对人言，是另一问题，他的只说三分话，是不必说，不该说的关系，绝不是不诚实，绝不是狡猾。

说话有三种限制，一是人，二是时，三是地。非其人，不必说；非其时，虽得其人，也不必说；得其人，得其时而非其地，仍是不必说。非其人，你说三分真话，已是太多。得其人，而非其时，你说三分话，正给他一个暗示，看看他的反应如何。得其人，得其时，而非其他，你说三分话，正可引起他的注意。如有必要，不妨择地作长谈，这叫作通达世故的人。

有时你的只说三分话，正可表现你的服务道德。做医生的人，或许可以对人提及普通病人的病情，对于患性病的病人，就绝对不该对人提及了，这是医生的服务道德。做银行业务的人，业务大概情形，或许可以对人提及，但对于存款人的姓名，你就绝对不该对人提及了，这是银行人员的服务道德。依此类推，只说三分话的例子多着呢！

你若不能遵守只说三分话的戒条，有时会闯出大祸，使你在精神和肉体上大受痛苦，一生也不会忘记。新中国成立前，曾有一位参加革命工作的青年，革命工作谁都知道有秘密性，这位青年也未尝不知道，而且他的行动，已引起对方的注意。有一天，他与一个泛泛之交的人闲谈，谈得很投机，便有相见恨晚的感慨，于是就把自己的行动、使命、主张，尽情透露出来，以期能得到一个新同志，谁知对方就是处在敌对地位的人，他马上据情报告，当晚这位青年便被抓去了，受尽折磨，即使"悔之晚矣"，也没有用了。

从这件事更可证明，所谓逢人只说三分话之中的这三分话，还不在重要话之内，重要话是一分都说不得的。你所说的三分话，应该是风花雪月，应该是柴米油盐，应该是上天下地，应该是山海奇径，应该是稗官野史。总而言之，应该是无关紧要的材料，虽是说得头头是道，说得兴味淋漓，说得皆大欢喜，其实是言之无物，这就是"以合欢，以调海内"的方法。

办公室里的"友谊尺度"

"我从不相信办公室里有真正的友谊,一起和你吐苦水的'手帕交',可能转身就会把你的话报告给上司,我没法把我的安全感建立在对同事的完全信任上。"曾经被朋友出卖过的钱洁毫不掩饰她对办公室友谊的看法。

钱洁所在的公司,只有五十几人。树不大枝杈却多,刚进公司时,总听大家议论,说这个人和董事长关系密切,那个人跟总经理是哥儿们……她就像迷失在树丛里的一只小虫,一时搞不清头绪。

杨依是办公室副主任,初到公司时杨依热情地帮钱洁填表格,带她到各个部门参观,并告诉钱洁办公室里每个人的背景、特征,很自然,钱洁把杨依当成是一个值得信赖的朋友。

钱洁所在的办公室里,只有5个人,居然分成了4派:坐在她对面的两个男人,据说一个是董事长的人,一个是总经理的人,谁都不是"省油的灯"。部门主管对这两个人表面上毕恭毕敬,暗地里处处提防,每当这时,钱洁就成了一粒香果子,两边的人都往她那儿凑,或是发泄心中的不快、或是有意要钱洁出面调停。可一旦人家联起手来,钱洁多半还是凶多吉少。

钱洁很自然地把心中的烦恼向杨依倾诉,办公室的茶水间成了钱洁的苦情倾诉室。直到有一天,钱洁的主管找她谈话,他警告钱洁:如果对工作有什么意见,应该直接反映给他,不要在外面说三道四,长此以往没有团队精神,就请另谋高就。上司的话让钱洁哑口无言,钱洁确实说过"我的上司与同事间的明争暗斗无聊又幼稚，一点职业精神都没有"之类的话。但它们是怎么传到上司的耳朵里呢？

三个月后的一天，钱洁无意间路过上司的办公室，"杨依你说钱洁说我苛刻，这个小孩真不知天高地厚……"钱洁的血液几乎凝固，竟然是杨依，愤怒让钱洁忍不住想去质问她，可她很快就冷静下来。"是我太轻信人言了，杨依能在第一次见我时跟我讲别人的是非，她也会背着我，去讲我的是非。"都怪自己有眼无珠，不能怪任何人。看来自己只有装作什么都不知道，对杨依敬而远之。

没想到更让人气愤的事在后面，杨依竟然升职了，成为办公室的主任。钱洁和她现在已经无话可谈了，但钱洁的工作总会与办公室有交集，这种滋味真难受。钱洁不禁怀疑自己的生活观，难道这是一个"告密者生存"的职场吗？在这种工作环境里哪还有安全感可谈？

记得如果你需要情感支持的话，可以向外发展，向旧时同学、好友寻求安慰，并培养出属于自己的一套生活方式。明智的人知道自己的弱点，当你掌握了一套对自己和环境中的人和事作出正确判断的方法时，你就可以做到大智若愚了。

好朋友也要把握一个"度"字

人从小到大，都会交一些朋友，这些朋友有的只是普通朋友，但有的则是可称为"死党"的好朋友。

但是我们也常发现，一些"死党"到后来还是散了，有的是"缘尽情了"，有的则是"不欢而散"，无论怎么散，就是散了。

人能有"死党"是很不容易的，可是散了，多可惜啊！而"死党"一散，尤其是那种"不欢而散"，要再重新组"党"是相当不容易的，有的甚至根本无再见面的可能。

人一辈子都不断在交新的朋友，但新的朋友未必比老的朋友好，失去友情更是人生的一种损失，因此我们强调：好朋友要"保持距离"！这话是有些矛盾，好朋友才应该常聚首呀！保持距离不就疏远了？问题就在"常聚首"！很多"死党"就是因为一天到晚在一起，所以才散了。为什么呢？人之所以会有"一见如故""相见恨晚"的感觉，之所以会有"死党"的产生，是因为彼此的气质互相吸引，一下子就越过鸿沟成为好朋友，这个现象无论是异性或同性都一样。但再怎么相互吸引，双方还是会有些差异的，因为彼此来自不同的环境，受不同的教育，人生观、价值观不可能完全相同。当二人的"蜜月期"一过，便无可避免地要产生摩擦，于是从尊重对方，开始变成容忍对方，到最后成为要求对方！当要求不能如愿，便开始背后挑剔、批评，然后结束友谊。

很奇怪的是，好朋友的感情和夫妻的感情很类似，一件小事也有可能造成感情的破裂。我有一位朋友，他和租同一栋房子的房客成为朋友，后来因为对方一直不肯倒垃圾，他认为受到不公平的对待，愤而搬了出去，二人至今未曾往来。

最亲近的是朋友，若朋友反目，最恶毒的也是朋友。朋友是亲近我们的人，对我们的情况最为了解，如果他是一个小人，必将成为你最危险的敌人。故交友必慎，要了解对方的真面目，包括生活中的言行、习惯、爱好，从中知其性格；尚未完全知其心时，要提防；一旦发现朋友对自己不忠，是个小人，应迅速远离他。谨慎看人，全面了解人后，才确立朋友关系，谨慎交友不吃亏。

所以，如果有了"好朋友"，与其太接近而彼此伤害，不如"保持距离"，以免碰撞！

人说夫妻要"相敬如宾"，自然可以琴瑟和谐，但因为夫妻太接近，要彼此相敬如宾实在很不容易。其实朋友之间也要"相敬如宾"。而要"相敬如宾""保持距离"便是最好的方法。

何谓"保持距离"？简单地说，就是不要太亲密，一天到晚在一起；也就是说，心灵是贴近的，但肉体是保持距离的。

能"保持距离"就会产生"礼"，尊重对方，这礼便是防止对方碰撞的"海绵"。

有时太保持距离也会使对方疏远，尤其是现代社会，大家都忙，很容易就忘了对方。因此，对好朋友也要打打电话，了解对方的近况，偶尔碰面吃个饭，聊一聊，否则就会从"好朋友"变成"朋友"，最后变成"只是认识"了！

也许你会说，"好朋友"就应该同穿一条裤子，彼此无私呀！

你能这样想很好，表示你是个可以肝胆相照的朋友，但问题是，人的心是很复杂的，你能这么想，你的"好朋友"可不一定这么想。到最后，不是你不要你的朋友，而是你的朋友不要你！更何况，你也不一定真的了解你自己，你心里、情绪上的变化，有时你也不能掌握！

所以，为了友谊，为了人生不那么寂寞孤单，好朋友应保持距离！

与人交朋友，不可不防"小人"

现实生活中许多人将其最真实的一面掩藏起来，在为人处世方面，总是表现得真真假假，假假真真。我们不以最坏的心机去猜忌对方，但在与人相处的过程中，我们还是要多加提防，否则待他真的伤害你时就为时晚矣。

在现实社会里，欺骗、狡诈的人大有人在。大到国际的争端，小到个人利害关系，这种欺诈无处不在。因此，与其说欺瞒他人是不道德的行为，倒不如说吃亏上当的人过于大意。

人生从某种角度看也是一场战争。在这场战争中，为了求生存，必须要有谨慎的生活方式和态度，这样才不至于上某些人的圈套，任人鱼肉。才不至于自己发现上当时，却爬不出陷阱，逃不了小人的魔掌。所以说，防人之心不可无。

松懈了防备的林群就是个教训。

林群在一家广告公司工作，过着平静安稳的生活，和同事们打成一片，关系相当不错。但不久这样的生活被公司新来的一个业务员瑶瑶给完全扰乱了。瑶瑶嘴很甜，处处讨好林群，林群也很快就和她成了好朋友，并且非常信任她，自己重要的客户资料瑶瑶都可以随意翻看。一次林群在工作中出现了一个失误，赵主管严厉地批评了她一顿。林群出了门，便怒气冲冲地约瑶瑶逛街，瑶瑶为了逗林群开心，便把赵主管大骂一通，还把赵主管叫作"变态女人"。林群觉得很可笑，也就跟着骂了几句。

一段时间后，林群发现自己的许多重要客户都不再跟自己联络了，便跑去调查。结果真的使林群震惊了，客户居然转到了瑶瑶手里。林群生气地去找赵主管告状，没想到赵主管却冷淡地对她说："工作做不好，也别去抱怨别人。还有，以后有什么意见请当面跟我说，犯不着背后骂人！"林群目瞪口呆地走出办公室。怪谁呢？只恨自己识人不清。三天后，林群离职了。

想必林群压根就没想到瑶瑶会是一个暗地里告状的小人，也就放松了警惕，落得个离职的结果。知人知面不知心啊，小人岂能不防？

要说防人，唐朝大将郭子仪算是功夫高深。

郭子仪晚年退休后，在家享受天伦之乐。那时候，后来的宰相卢杞，还只是一个尚未成名的小角色。

有一天，卢杞前来拜访他。他正被家里所养的一班歌伎们包围着，得意地欣赏音乐。一听说卢杞来了，郭子仪马上命令所有女眷和歌伎，一律退到大会客厅的屏风后面去，一个也不准出来见客。

郭子仪单独和卢杞谈了很久。等到客人走了，家眷们奇怪地问他："您平日接见客人，都不避讳我们在场，说说笑笑，无所顾忌。为什么今天接见一个书生，却要如此慎重呢？"

郭子仪说："你们不知道，卢杞这个人，很有才干，但他心胸狭窄，睚眦必报。而且他的长相很难看，好像庙里的鬼怪一样。你们女人最爱笑，平时没事都要笑笑，如果看见卢杞，一定忍不住要笑。你们一笑，他就会记恨在心，一旦得志，你们和我的儿孙，就没有一个活得成！"

不久，卢杞果然做了宰相。凡是过去那些看不起他或得罪了他的人，他一律给以杀人抄家的报复。只有郭子仪免遭祸害，卢杞未动郭家一根毫毛。

学会像郭子仪那样防人于先，才能免于在人生道路上吃亏。

第八章

人际交往有雷区，不要犯了大忌

不同的场合，往往有不同的交流方式和特点。在交际场合中首先要懂得尊重别人。古人讲"礼仪者敬人也"，实际上是一种待人接物的基本要求。如果你重视别人，别人可能就重视你。无论是商务上的交际还是在日常的交际中，都应该懂得尊重他人和尊重自己。在人际交往中，要摆正自己和别人的位置，什么时候也不要犯了大忌。唯有如此，方能使自己在交际场合如鱼得水，随心所欲而不逾规，举手投足皆与当时的交际场合和氛围匹配。

忌当着矮子说矮话

芸众生的大千世界，谁都离不开六维人脉关系网的经营，为了有个较和谐的人际关系，懂得回避交谈对象的短处来展开谈话，这是尤其重要的。说来说去，还是因为人都有个尊严，或者说粗俗一些，人人都有虚荣心。如果你不慎伤了别人的自尊，那么，你可能会得罪这个人一辈子。

在应酬中，你如果能够极好地维护自己及他人的自尊，便会得到更多人的尊重。"当着矮子不说矮话"，是告诫人们在应酬中不要伤及他人自尊。人生在世，各有所长，各有所短。若以我之长，较人之短，则会目中无人；若以我之短，较人之长，则会失去自信。这是应酬中尤其要注意的一点。

有这样一个故事：春秋时期，齐国宰相晏子是个矮子，有一次他出访楚国。楚国的国君故意要以晏子的矮来耍笑一番，于是吩咐只开大门旁的小门。晏子一看，便知楚王的用意，于是对门卫说道："我代表齐国出访，通常都是到大国从大门进，到狗国从狗洞进，只是没想到堂堂楚国竟然也会用狗国的礼仪来迎接我，看来我是来错了。"楚国的国君本想羞辱晏子，却反过来被晏子好一顿羞辱。这说明当着矮子说矮话，也可能会自取其辱。

洛克菲勒是美国石油大王，他曾经有一位同事名叫贝特福特，他既是洛克菲勒的合作者，也是他的下级。

有一次，贝特福特独自负责一桩南美的生意。但非常不幸，这次他失败了，而且输的特别惨，所以，贝特福特自认为实在是没脸再见洛克菲勒。下一次再开董事会时，洛克菲勒一定会毫不客气地批评他，他的心里一连好几天都很紧张。

这天，公司的董事会如期召开了。贝特福特硬着头皮来到会议室，他等着洛克菲勒的批评，而且在这之前已经做好了充分的思想准备。

洛克菲勒开始讲话了："贝特福特先生……"

贝特福特心里一阵发紧，他了最担心的事情还是不可避免地发生了。

"首先，我可以肯定你在南美确实做了一件不成功的事情。但是，"洛克菲勒的语气变得是那么亲切、缓和。"大家知道你已经尽力了，虽然这次失败了，但是我相信在这件事情上没有人会比你做得更好。而且我们也正做着让你重整旗鼓的计划……"

说过这一番话，贝特福特倍感温暖，先前的抑郁一扫而光。他又重新找到了自信。尤其是在董事会上洛克菲勒没有让他难堪，因此，他对洛克菲勒非常感激。

其实，在我们身边，即使是被大多数人认为"无用"的人，他们也有自己的长处。他或许比别人差一点，却在某一方面潜藏着特长；也许他比别人笨拙，却也因此比别人更勤奋卖力，所以，总会有适合他的一项工作，千万不要对他人有嫌弃的态度，更不要伤到他人的面子。

有一项调查研究表明：凡是自尊心强的人，无论身处什么岗位，都会尽自己的最大努力而不愿落于人后。所以，作为一名明智的领导一定要保护下属的自尊心。不要因为一点点工作上的失误就当众批评他，即使你特别不喜欢他。尤其当其他同事在场时，更要注意。还可以采取其他的一些办法，比如，当你的秘书在整理文件时出现了错误，你可以这样跟她说："你的报表做的非常认真，但是这些数字你看还有没有可以补充的？"这时，她一定会认真而虚心地接受你的"批评"，以后工作起来，也一定会更加的努力。

一天中午，查尔斯·施瓦布路过他的炼钢车间，发现有几个工人在抽烟，而在他们的头上就挂着一块写有"严禁吸烟"字样的牌子，这位老板怎么教训他的伙计呢？痛斥一顿吗？拍着牌子说："难道你们不识字吗？"不，都不是。老板深谙批评之道，他走到这些人面前，递给每个人一支雪茄烟，说："年轻人，如果你们愿意到别处去吸烟，我会很感谢你们的。"胆战心惊的工人们心里有数，头儿知道他们坏了规矩，但他却没说什么。相反送给每人一支雪茄，他们感到了自己的重要，保住了面子甚至感觉很不错，因此，他们对自己的上司更加敬重了，这样的领导有谁会讨厌呢？

说服一个人，自己说的头头是道，无情地剥掉了别人的面子，伤害了他的自尊心，那样就容易抹杀你与他之间原有的很深的感情，你将得不偿失，即使你是他的领导，用温言说服，赢得他人的尊重，而又达到了你的目的，而如果不顾及别人的面子，即使达到了说服的效果，但却不一定能保证他一定是心服口服的，而且还会对彼此之间的感情有所伤害。

每个人都会因为面子而与别人发生过或多或少的冲突，这是因为每个人都很在乎它。因此，在说服别人的时候，你也要尽量考虑到保全对方的颜面，只有这样，说服才有可能获得成功。就像在职场中，你想要改变同事已公开宣布的立场，首先要做的就是尽量顾全他的面子，使对方不至于背上出尔反尔的包袱。假如在一开始，你与同事没有掌握全部事实的情况下产生了分歧，为了说服他，你可以这样说："当然，我完全理解你为什么会这样设想，因为你那时不知道那回事。"或者说："最初，我也是这样想的，但后来当我了解到全部情况后，我就知道自己错了。"这样的表达可以把对方从自我矛盾中解放出来，使他体面地收回先前的立场，你们之间的关系却不会受到任何的负面影响。

俗话说：打人莫打脸，骂人莫揭短。在中国，"面子"是一件很重要的事，为了"面子"，小则翻脸，大则会闹出人命。中国人可以吃闷亏，也可以吃明亏，但就是不能吃"没有面子"的亏。如果你不顾别人的面子，总有一天会吃苦头，因此，成熟的人从不轻易在公开场合说别人，尤其是上司的坏话，宁可高帽子一顶顶地送，保住了别人的面子。别人也会如法炮制，给你面子，彼此心照不宣，尽兴而散。

关于面子的重要性，比较通俗的说法有"人要脸，树要皮"，比较文雅的有"士可杀，不可辱"。纵使别人犯错，而你是对的，如果没有为别人保留面子，那你要想说服别人也只能是不可能完成的任务。生活中有很多摩擦的发生都是因为面子问题，因为在处理问题时没有顾全别人的面子而发生悲剧的情形比比皆是。因此，一定要谨记，无论何种情况下都要保全他人的面子，不仅仅是为了说服别人而有意为之。

所以在应酬中，尽可能地避开对方的短处，也是应酬成功与否的关键之一。

什么是短处，你可以这样来检验：把要说对方的事，交换位置放在自己的身上，看看这事让别人来说你，你会有什么样的反应。如果，你觉得正常，那对方也许也会觉得无所谓，那么你可以放开了大谈特谈；反之，要是别人一触及，你便像被冲了肺管子，立刻怒发冲冠、火冒三丈、大发雷霆，甚至想大动干戈，那么，你不妨就明智地免为其谈吧。

忌讳经济往来糊涂账

朋友之间开口借钱是最平常的事，因为是朋友，谁都有向朋友开口的事，朋友就是要相互帮助。当然，许多人都能做到好借好还，但也有人不按时归还，或根本就不能归还。有的人甚至在借出之前就知道，这钱已丢在水里了。但不借吧，又碍于情面和友情，觉得对不住朋友，真是左右为难。

借钱的时候得问清楚，朋友用钱做什么。如果是用于衣食住行等生活必需，那借钱是义不容辞的，没偿还能力也必须借。反之则不然，因为他已经失去了最起码的信用，如果再去冒险如做生意之类的事情，就必须拒绝。总而言之，朋友之间在经济往来上一定要把账算清，切忌留下一笔糊涂账，既损失了钱，又得罪了朋友。

如果你经济比较宽裕，面对有求于你的朋友，你可以给予一定数额的馈赠。如有人向你借 5000 元钱时，而他没有偿还能力或信誉不佳时，你可以主动资助他 300 元或 500 元，并言明，他可以不用还钱了。这样看来你吃亏了，但实际上你失去的并不多。

首先，由于你的无偿资助保护了你的友情，可能还加深了这种友情。其次，你也能避免更大的损失。因为有些借款是要冒大风险的。

在朋友间的交往过程中，为了经济利益问题而发生冲突，使关系疏远、恶化的现象屡见不鲜。朋友之间的借钱借物等财物往来是常有的事，有时是为了救急，有时是为了帮助，虽然情况不同，但都体现了朋友之间的特殊关系。人们也已把这种财物往来当成表达自己心意和特殊感情的方式。作为受益的一方在道义上对朋友的慷慨行为给以由衷的感谢和赞扬是必要的。如果他们把这种支持和帮助看得理所应该，不作一点表示的话，对方就会感到不满意，而影响彼此的关系。

对于来自朋友的帮助要注意给予回报，这既是加深友谊的需要，也是报答对方帮助的必要表示。如果忽视了这种回报，同样会得罪人。假如朋友之间为了赢利而合作办事业，那么在合作之前就要有一个说法，最好订立文字合同，把各方的责任和利益都写清楚，这样合作才会顺利和成功。朋友之间的合作共事，因事先没有明确的说法而发生矛盾，最后反目成仇的事时有发生。

所以，朋友之间在合作共事时，不要以为大家是朋友，就感情用事，什么也不考虑，这样做的后果往往不好。到了发生经济纠纷时，大家就会因事先没有约定而闹得不愉快。在有了合同的情况下，就一定要讲信用，不能只顾自己，更不能贪图便宜。一言以蔽之，朋友之间的钱物往来，既可以成为密切感情的因素，也可能成为造成矛盾的祸根，就看你如何处理了。

古训说，人亲财不亲。对于属于需要归还的钱物，同样不能含糊。这是因为朋友之间也有各自的利益，一般情况下应把感情与财物分清楚，不能混为一谈。只要不是对方明言赠送的，所借的钱物该还的也要按时归还。有的人不注意这个问题，他们以为朋友的钱物用了就用了，对方是不会计较的。如果等到朋友提出来时，那就不好了。

忌为所欲为，不讲礼节

有一位青年到城里做生意，要求在他的一个亲戚家里住几天。可是一住就是一个月，每天把很多货物弄到亲戚家里，把亲戚家当成了仓库，一家人还要为他当炊事员。在忍无可忍的情况下，他的亲戚向他下了逐客令。

这位青年在亲戚家的行为表现，就有些过分，是最容易得罪人的。

比如，过去走亲戚可以在亲戚家住上一年半载，可是现在就有很多的不便。大家都有工作，都有自己的生活习惯，住的时间过长很多矛盾就会暴露出来。还有的人到亲戚家做客不是客随主便，而是任由自己的性子来，这就会给主人带来很多的麻烦，也容易造成矛盾。

比如，有的人有睡懒觉的习惯。每天要睡到太阳升起来才起床，他们到亲戚家也不改自己的毛病。主人要照顾他，又要上班，时间长了就会影响主人的工作和生活的正常秩序，进而影响彼此的关系。还有的人不讲卫生，到了亲戚家里，烟灰烟头到处扔，如果时间不长，人家还可以忍耐克服一下，要是日子长了，谁也忍受不了。

在与亲戚交往中也有一个优化自己行为方式的问题，如果方式不当同样会得罪人。只要注意以上这些问题，就能奠定一个良好的亲戚交往的基础，再把各种方法活学活用，托亲戚办事的艺术就会运用得炉火纯青，得心应手。

现实生活中，我们都有过这样的体验，作为亲戚的甲方，若是一味地照顾、帮助乙方，而乙方则回报以不冷不热、不谢不送的公事公办的态度，时间长了，甲方必定会生气，认为乙方是不懂人情、不值得关照的冷血动物。若乙方依然故我，认为甲方帮助他是应该的，那甲方必然会终止与乙方交往。相反，若乙方知恩懂情，虽然没有什么物质好处回报，但经常以自己的劳动力帮甲方做点家务活、跑跑腿等作为感谢，甲方也会得到心理平衡，愿意与乙方继续交往。

事实上，不论是和你一般关系的同事还是亲朋好友，甚至是你的父母，都愿意听到你的感谢话。虽然他们的付出有多有寡，但你真诚地说一两句感谢的话无疑对他们是一种心理的补偿。

对热情相助的人，在物质上给予回报，也是一种不失礼节的方式。物质回报虽然不是亲戚间交往的主要方式，但它毕竟存在于现实生活中。我们提倡淡化物质交往，不是要取消物质交往，而是要让这种交往多一分真情，少一分铜臭。有时适量的物质回报是培养良好人际关系的特殊需要。比如某人曾多次无私地帮助过你，某一天当他生病住院的时候，你拎上礼物去探望，对他是一种莫大的慰藉。总之，物质回报要遵循适度的原则，适量地"往重于来"。

当语言回报不足以表达心意，物质回报又不适宜时，行动回报不失为一种得体的回报方式。某单位干部小王幼时父亲不幸去世，是城里的叔叔供他上高中、念大学的。近来叔叔体弱多病，小王经常利用空闲时间帮叔叔家干家务，还时常利用下乡机会寻医找药。做叔叔的听在耳里，看在眼里，喜在心头。行动回报不像语言回报和物质回报那样悦耳、显眼，但它是无价的。于无声处见真情，好的行动无须用语言证明。当一个具有真才实学的青年才俊求职历经挫折终被一位贤明的"老板"录用之后，最好的报答不是好言好语，也不是厚礼，而是实干。

一滴汗水能让一筐好话失色，一丝奉献能使一片真情增辉。希腊一位哲人曾说："感谢是最后会带来利益的德行。"善于求人的人经常都备妥感谢之词，因为它往往成为人与人之间交往的润滑剂，在生意上的来往也因它而顺利进行。事实上，没有人不喜欢听到感谢之词。因此把"谢谢"二字随时摆在心中，需要时派上用场，没有比这个更简单、更容易使用的了。所以，对亲戚也别忘了感谢。

当然，在现代的经济社会里，尤其是与经商有关的事，谁帮忙都讲究经济效益，而感谢帮忙的最好方式就是"投桃报李"。可以"投桃"后得到亲戚的"报李"，也可先得到亲戚的"报李"后再"投桃"。求助于亲戚时，在亲情互相信任的基础上，先"投桃"与先"报李"都是无所谓的。先允诺"投桃"，从而得到对方的"报李"往往对事情的成功更有好处。

在传统的亲戚交往中，往往存在着一种误区，那就是：亲戚关系是一种血缘、亲情关系，彼此都是一家人，七大姑给八大姨帮忙办事都是分内之事，都是应该做的，没必要像其他关系那样客套、讲礼节。有这种想法就是大错特错了。血缘的关系虽说是"割断了骨头连着筋"，但亲情的维护与保持就在于彼此之间的相互帮助与知恩图报上。

忌讳斤斤计较的行为

朱德在年轻的时候，特别注重与亲朋好友的关系。平时他总是为亲朋好友解决困难，做些不计较个人得失的事情，使他的亲朋好友对他的印象非常好，彼此间的关系相处得非常不错。朱德当时年轻强壮，很有几分气力，在每年的农忙季节，他总是很快地把自家的庄稼收完。但朱德并没有因此而停下来休息，他还会跑到其他亲朋好友的田地里去帮忙。这样一天下来，总累得他腰酸腿疼。可第二天，他又拿起工具，继续去亲朋好友的田地里帮忙收庄稼，他从没有喊过累，更没有抱怨。

有一次，朱德去一个表叔家去收庄稼，可这个表叔却是一个疑心病特别重、很小心眼的人，看到朱德来帮忙，就怀疑他要趁机偷自己的庄稼，所以在朱德干活时，就不时地监视他的行动，特别是朱德要走的时候，还要偷偷打开朱德带来放工具的筐子，检查是否拿走什么东西。这一切朱德都看在眼里，他微微一笑，然后说道："表叔，活干完了，我走了，我妈等我回家吃饭呢！"说完，背起筐子，挥挥手走了。表叔看到这一切，惭愧地摇了摇头，心里不由暗暗钦佩。

不斤斤计较，这就是朱德与亲朋好友处好关系的最根本原因。不计报酬帮助别人、帮助别人也不声张、好心相帮却被疑心也不抱怨等处理与亲朋好友关系的方法，看似被动，却是主动。在行动的过程中，由于你在发挥主观能动性，所以别人也会渐渐从行动中感受到你的主动，自然也就被你的主动所征服了。

不过，这个化被动为主动的过程，也需要有一定的技巧。宽容待人，不斤斤计较，要做在明处，要让你的亲朋好友"无意"间发现，否则，就会吃"暗亏",就会被别人说成"矫揉造作"。所以这个度一定要把握好。

另外,不要"斤斤计较",并不是什么也不在乎,"公斤"不在乎,"吨"不在乎,那就不是现代社会关系中所提倡的了。这个"斤斤"的标准应该是在不损害你自身根本利益的前提下,如果超过了这个标准,达到了"公斤""吨",那就不得不计较了。否则,不仅吃得亏会越来越大,而且亲戚朋友们也会认为你这人真的"豪爽",那占你"一两斤"或"一两公斤"也就心无愧意,理所当然了。

既然讲到了不要"斤斤计较",那这里也要提一下,在与亲朋好友相处的时候,也要分对象。如果亲朋好友中真有"小人"存在的话,那在与他相处时,不妨不时地使用一下"斤斤计较",甚至有时可与他"两两计较""克克计较",毕竟,对于异于常人的"小人",就要用异于常人的方法来对待。

斤斤计较不但不能给人带来幸福和快乐,反而会使人痛苦,还会使人变得小气,动辄就发怒。有人说,斤斤计较是虚荣之树的一个果子,吃了之后,使人变得很虚荣。其实,人就是这样,在和别人比较中才会觉得满足和不满足,平衡和不平衡,而比较的结果多数都是不满足和不平衡。于是,快乐没了,满心都是对自己的抱怨,对别人的羡慕嫉妒。人性上的毒瘤就是这么长出来的。

忌"哪壶不开提哪壶"

俗话说: 牵牛要牵牛鼻子。赞美同样要抓住关键事件来进行表扬和称赞,这就需要洞察对方心理,了解对方的心理需求,切不可"哪壶不开提哪壶"。

有一次,相声演员侯耀文对他父亲侯宝林说:"爸爸,我最近听到一些反映,说商店里某些服务员的态度差,常给顾客吃'冷面'。我想写段相声讽刺一下。"

侯老听了,沉思一会儿,说:"你想讽刺服务员,可你了解他们吗?工资不高,上班一站就是八九个钟点儿,多辛苦!再说,哪家不兴有个不顺心的事?谁能老有笑模样?又没吃'笑素'!顾客里头也有捣蛋的,遇上那号人,你乐得起来吗?我不是说服务员有缺点就不能讽刺,得先去搞点调查研究,了解他们的工作和生活,体谅人家的难处,那才能写出感情,批评得入理。"

侯老的一席话,充分体现了对他人的理解。只有理解他人的心理,了解他人的喜怒哀愁,才能把握好说话的内容与分寸,才能知道如何抓住对方的心理,赞美对方。

那么人的心理需求究竟是什么呢?较全面、有影响的研究要属美国心理学家马斯洛的"需要层次论"。马斯洛认为人的需要和欲望是多种多样的,具有全面性和复杂性,归纳起来有五个层次:①生理需要,这是人类最原始、最基本的需要,包括吃、喝、睡、性及其他生理机能的需要;②安全需要,包括工作、身体、老年生活的安全保障，要求生命财产不受损害；③群属需要，也称社交需要，指希望亲友、同事关系融洽，希望自己归属到某个群体或集团，成为其中一员，有所依靠，得到照顾；④尊重需要，人人都希望自己的个人品格、能力和成就得到别人的尊重和赞赏，得到社会的承认；⑤自我实现的需要，即希望实现自我的理想和抱负，最大限度地发挥个人的才智，得到全面而自由的发展。对尊重需要的满足程度影响着自信心和自我价值感的程度。因此，对他人的尊重和赞扬也许是微小的，但取得的效果却是巨大的。

曾有心理学家做过这样一个实验：他们从一班大学生中挑出一个最平庸自卑，最不招人喜欢的姑娘，特意安排她的同学对她改变看法，对她表示喜爱和赞扬。于是，从这天起这个姑娘周围充满了赞扬和热心的帮助。有人夸她，有人说她心灵手巧，有人送她礼物，有人每天与她一起回家……奇迹发生了，一年以后，这个原本默默无闻，自卑感很强的姑娘变得活泼开朗，有说有笑，充满自信，她的学习成绩和仪表风度和以前比也大有改善，像是换了个人似的。

赞美确实有这样的魅力，只要你懂得一个人最需要什么。

正面思维拥有巨大的力量，负面思维同样邪恶的可怕。如果我们真的哪壶不开提哪壶，那么不开的不仅仅是那一壶了，人际关系恶化的灾难将会"一壶接着一壶"。

忌任意交朋结友，没有防人之心

在打造你的六维人脉网时，一方面要广交朋友，另一方面也要讲原则，切不可乱交朋友，套近乎。以下列出几类你必须提防的人，仅供参考。

1. 尖酸刻薄的人

尖酸刻薄的人，不太受人欢迎。他们的特征是和别人争执时往往不留余地地挖人隐私，同时冷嘲热讽无所不至，使对方自尊心受损颜面尽失。尖酸刻薄的人，天生伶牙俐齿，得理不饶人。由于他们的偏激，往往不会有多少朋友。

与这种人交往，应先以宽厚的态度对待，他待我以刻薄，我报之以宽厚。如果他以为我乃迂阔之人而加以欺侮，则可用适当强硬的态度提醒他。如果他的刻薄性格尚未发展到根深蒂固的程度，那么，经过与你的交往，耳濡目染，他也许会慢慢变成性格宽厚的人。

遇上尖酸刻薄的人，与之相处的技巧是：

（1）与他保持距离，不要招惹他。

（2）万一吃亏，听到一两句刺激的话或闲言碎语，就装作没听见，千万不能动怒；否则，就是自讨没趣、自找麻烦。

2. 挑拨离间的人

挑拨离间的人是损人不利己，挑拨离间的人则会弄得人心惶惶，人人自危。

应付这类人的诀窍是：

首先，要注意谨言慎行，和他保持一定距离。

其次，要在单位内建立良好的个人信誉，使他挑拨不成。最重要的是联络其他同事，建立联防及同盟关系，将他孤立起来，无论他向谁挑拨或离间，都不要为之所动或受到什么影响。

最后，即使有什么是非发生，也应尽量化解，虚心忍耐，同时要保持宽广的心胸。

3. 势利之人

势利人的特质，正如俗语所说："见高拜，见低踩"，他们都是一些趋炎附势的人，当然更不会讲什么道义了。

知道了势利人的本质，而又一定要跟他们应酬，那就只有采用两种方法：

（1）积极的方法。"反其道而行"，凡势利人所看不起的人，或者他们不愿交往的人，我们都与其交往并借此来教训、挫败势利人，使他们有所省悟，进而有所改变。采取这个方法，要先具备一些条件，那就是自己有足以挫败他们的各种能力，而实行的方法也不能使他们太难堪或产生反感，否则，就会导致双方间的友谊破裂，成为敌人。

（2）消极的方法。如果不得不与势利者应酬，也绝不对他们有谄谀行为，以免受其辱。如能具体表现出自己人格的高尚，意志的坚定，他们就不得不对你另眼相看了。

同势利人的应酬，不到万不得已之时，切勿投其所好、处处迁就，这样一来，久而久之，你自己也被势利之人同化了。

4. 蛮横之人

蛮横人暴戾凶狠兼而有之。遇到这样的人，根本没有交往的必要。不过蛮横人也不会有特别的字号招牌挂在胸前给你认识，在你的生活中，或亲戚朋友中，偶尔也会结交上这样的一个人。等到你知道他是个蛮横不讲理的人时，互相间已经有了某种程度的来往了。

凡是处在这种情形下，交往的原则有二：

（1）与之疏远。这是上上之策，由疏远使互相间的感情淡薄，待往来减少了，就可以结束朋友的关系。

（2）虽与之应酬，但处处谨慎，用极温和淡然的态度来应付对方的强横暴戾。

如对方仍不知进退，就只能采取远避或绝交的方法。

事实上，强横残暴的人并不多，但亦不是没有。故此，交朋结友不能不慎重行事。

5. 好谄媚之人

谄媚的人，大都是不知廉耻，好逸恶劳之人。他们谄媚的目的，不外是向被谄媚的人求助取利，所以说他们是"谄媚小人"，再恰当不过。

社会上有些人很会谄媚。谄媚者的目的是为了邀功取利。因此可以说，凡是谄媚者，对我们都是有百害而无一利的。他们常常为达到目的而不择手段。如果我们身边有这样一个人，其他正直的朋友必然与我们渐渐疏远。

谄媚的人，大都有取悦别人的一套手法。被谄媚的人，也往往被这一套手法弄得飘飘然。要知今日因你的财势而谄媚你的人，亦是他日因你失势而伤害你的人。因此，凡是来谄媚的人，都应当对他冷淡，对其所说的好话、坏话，只能是一笑置之。时间长了，使其觉得乏味，自然而退，否则，就难保不受他们的伤害。

6. 自私自利之人

自私自利者，不理会别人的利益得失，往往只为自己打算。替自己打算是人之常情，在这个社会中，完全不替自己打算的人，是很少的。

所以一个人要替自己打算并不为过，但只替自己打算，而不理会别人的死活，是自私自利的表现，是非常不可取的。在应酬中，对这种自私自利的人要特别注意，偶有不慎你就会成为他们的牺牲品。

所以，你在交往时，要防备自私自利的人，首先就必须学会辨别自私自利的人。一般来说，自私自利的人在平时是没有什么特殊表现的。与他们应酬，可能会使你感觉到他是个忠厚而且体恤别人的人。但事情来了，他要达到目的，就不管你的死活了。因此，你要认识这种人的本质，就只有在平时的行动中来观察。而这种观察，又最好放在看对方是如何对待他至亲的人，如父母、妻子、兄弟，等等。如果他对待至亲的人也显得极其自私，那么对待朋友就更不必说了。确定对方是一个自私自利的人以后，我们与其应酬，就应处处小心，步步为营，小的事情吃了亏，还不算什么，大的事情掉进了对方的陷阱，就后悔莫及了。

7. 心胸狭窄的人

心胸狭窄的人，其基本的心理特征有二：一是容不得人，二是容不下事。

心胸狭窄的人，嫉妒比自己强的人，看不起不如自己的人。他们生性多疑，一点小事也常常折腾得吃不好、睡不香。

与这样的人相处，你要做到：

第一，要有大度的气量。与心胸狭窄的人相处，肯定会发生一些不愉快的事，如果缺乏气量，与之斤斤计较，就无法相处。相反，如果气量大度，胸怀宽阔，就会使那些不愉快的事化为乌有，同时，对心胸狭窄的人也是个教育。

第二，要有忍让的精神。有人因心胸狭窄，做出了对不住自己的事来，你应该忍让。忍让，绝不是软弱，而是心胸宽阔、风格高尚的表现。提倡忍让，并不意味着放弃原则。

心胸狭窄的人极容易错误地估计形势，错误地对待人和事。因此，对心胸狭窄的人发扬忍让精神，绝不意味着迁就他的错误。对他的心胸狭窄忍让，但对他的错误思想和行为绝不迁就，这才是忍让。

这样可避免无端树敌，生活中，"多个朋友多条路，多个敌人多堵墙"。树敌过多，不仅会使自己在生活中迈不开步，即便是正常的工作与生活，也会遇到种种不应有的麻烦。

容忍别人对自己所犯的过错，不记仇，给他以希望，他自然会对你有所感恩。将这份报恩的感情藏于心中，日后要寻机将这份恩情还回去。当然，我们所做的这些，目的并不是贪图他人的回报，如果是那样的话，反而会让人瞧不起。

如果是因为你的过失而伤害了别人，你应及时道歉，这样的举动可以化敌为友，彻底消除对方的敌意。"不打不相识"这一民谚就包含了这一哲理，既然得罪了别人，当时的你一定得到了某种"发泄"，与其等别人"发泄"回来，不知何时飞出一支暗箭，倒不如主动上前致歉，以便冰释前嫌。

有许多人只注重搞好与重要人物的关系，而对位居其次的人或是暂时处于低谷的人较为冷漠。这种从众的冷漠态度很容易令对方误会，一旦你有求于他，他对你根本没有好感，自然也不会伸出援手。

一个在机关工作的小伙子，工作能力强，为人机灵，很受大家的喜爱与认可。可是，令人奇怪的是，他对"一把手"的态度总是公事公办式的不远不近，保持一定的距离，而对并无多大实权的"二把手"却十分热情。小伙子自有他的道理，"二把手"是个尴尬的角色，虽是领导，却总不为人所重视，若和大家一样对他不冷不热，也就是无形中把他排斥出去。虽然讨好他不一定能起到什么好的作用，但是如果他想在背后给你起点消极作用的话，也是吃不消的啊。亲近他的目的，并不是想与他交下多深的关系，只是不想多一个暗敌。

亲贤者、远小人，是你必须把握的一个基本原则。当然，对小人也不必轻易得罪。认清小人的面目后，惹不起但躲得起，避开他、防着他，保护自己不被小人的负能量所传染。

忌"人怕出名猪怕壮"

"人怕出名猪怕壮",要讲清楚其原因,说难也难,说容易也容易,容易到只用两个字就够了:嫉妒。一个人干事,三个人反对,五个人调查,十个人散布流言蜚语,这不是极个别的事例。"枪打出头鸟""出头的椽子先烂",这些都是可怕的"警告"。

本来,一个人的才能比另一个人高的话,他的职位就应该高,这是理所应当的。但对于一个嫉妒心强的人来说却不然,对于才能胜过他的人,他一定想办法来中伤对方,对于地位高过他的人,他一定想方设法来推翻对方。

你也许遇到过下面的情况:

经过一番努力之后,你把精心拟就的工作方案呈报老板。他对你的工作成果大加赞赏,在大家的面前"拍你的肩膀",表示对你的重视,在会议中上上下下也都一致赞许你的真知灼见。再如,你刚好成功地完成了一项任务,使公司大赚了一笔钱,各部门主管对你另眼相看。这时的你必然是春风得意,难禁喜悦之色,大有"世界都属于我"的感觉。但你兴奋忘形之际,也许正是你自埋炸弹之时——令别人嫉妒,使你不知不觉中成为很多人的敌人。

如何冲出"人怕出名猪怕壮"的人脉困境,化解他人对你的羡慕嫉妒恨,具体的方法可参照以下几点:

1. 走自己的路，让别人去说

与有嫉妒心的人相处时，最好不要特意采取一些手段来对付他，因嫉妒心理本身就是多疑的、爱猜忌的。倒不如将有嫉妒心的人当作普通人来看待。俗话说，见怪不怪，其怪自败。与其费尽心思去琢磨，不如来个"无为而治"，取得"无为而无不为"的效果。

2. 大智若愚，谦虚谨慎

孔子曾说："聪明圣智，守之以愚；功被天下，守之以让；勇力抚世，守之以情；富有四海，守之以谦。"这不仅是一种单纯的策略，事实上，当一个人处在鲜花与掌声中时，更需谦虚、谨慎。

所以，切记别乐昏了头，要处处表现得虚心、谦和。即使当你像坐直升机一样，势力一天比一天大之时，请仍然保持与旧同事的关系，抽时间与他们在一起聚聚。谈话时更不能自己翻那些成功史，即使别人阿谀一番，也当是耳边风好了，或者索性说："那绝非我的功劳，老板对我也是太好了"或"多谢你的夸奖了，其实要更加努力，才能胜任此职。"

帕金森先生在《管理艺术精粹》中说："大多数组织在结构上像一座金字塔，当一个人向金字塔顶端爬去的时候，最重要的岗位越来越少。因此，一个新近被提升的管理者，一定要特别谨慎小心。首先，他从前的大多数同事深信自己应该得到这个职位，并且为自己没有得到它而不快。但特别重要的是：一个被提升的管理者必须想尽办法表现出谦逊和不气势凌人。也一定不要忘记他从前的共事者。"

3. 以爱化恨，以让抑争

以爱化恨法主要是以真诚的爱心去感化嫉妒者，从而消除和化解嫉妒。俗语说，"恨是离心药，爱是黏合剂"。因此，当你遭人嫉妒时，如果能够以德报怨，用爱心去感化嫉妒者，恩怨也就自然会化解了。

做出让步的姿态，对人更有礼、更客气，千万不可有倨傲的态度，这样就可降低别人对你的嫉妒，因为你的低姿态使某些人在自尊方面获得了满足！

以有原则的忍让来抑制无原则的争斗，是根治双向嫉妒和多向嫉妒的关键之举。如果嫉妒者向你发出挑战，你不但不迎战，反而退避三舍，以不失原则的适度忍让来求大同存小异，都不失为化解嫉妒、免遭嫉妒的好方式。

有一位某大学的系主任，就懂得示弱之法。他刚刚被提拔为系主任时，有一位同事有点嫉妒他，总找茬出他的"洋相"，使他难堪。后来，这位系主任来到这位同事家，诚心诚意地和他谈心，并把自己的缺点和毛病全部亮了出来，说："我本人无论是教学还是教学管理，经验都很贫乏，管理一个系的教学工作，实在勉为其难，'赶鸭子上架'，以后，请你一定尽力帮助我。"示弱之法很奏效，从此，那位同事再也没有找他的麻烦，反而经常为他出主意。

4. 说服、鼓励的对策

有些嫉妒是因误会而产生时，就需要进行说服和交谈，否则，误会越来越深，以致严重干扰和破坏人际关系的正常交往。在说服时要注意心平气和，也要做好多次才能说服的准备。

对嫉妒者还要采取鼓励的态度。因为嫉妒者是在处于劣势时产生的心理失落和不平衡，虽表面气壮如牛，其实内心是空虚的，且隐含着一种悲观情绪。所以对嫉妒者采取鼓励的态度十分必要，主要是客观地分析他的长处，强化他的信心，转变他的错误想法，而且还要在力所能及的情况下，为嫉妒者提供一些实质性的帮助，使嫉妒转向公平竞争。

我们身边时刻都有嫉妒心强的人，要想自己处处都成功，就要学会应付这样的人。碰上这种人，通常不应正面跟其理论，你要常存戒心，不矜才炫能，不刺激对方。可在进一步交往中，使他感到你的高尚人格，由妒忌改为敬佩，这未必不是一个应付的好办法。

忌揭人短，顾全对方面子

人存在于社会上，要扮演各种角色，特别是在互相的交往中，需要一定的尊严来支撑。在人际交往中，"面子"是一件很重要的事，为了"面子"，小则翻脸，大则会闹出人命。如果你不顾别人的面子，总有一天会吃苦头。

成熟的人从不轻易在公开场合说别人的坏话，宁可高帽子一顶顶地送，既保住了别人的面子，别人也会如法炮制，给你面子，彼此心照不宣，尽兴而散。

被击中痛处，对任何人来说，都不是件令人愉快的事。尤其是他人身上的缺陷，千万不能用侮辱性的语言加以攻击。在中国古代，有所谓"逆鳞"之说，据说在龙的喉部以下的部位上有"逆鳞"，如果不小心触摸到这一部位，必定会被激怒的龙所杀。事实上，无论人格多么高尚伟大的人，身上都有"逆鳞"存在。所谓"逆鳞"就是我们所说的"痛处"，也就是缺点、自卑感。只要我们触及对方的"逆鳞"，就会惹祸上身。

人不可能不犯错，几乎每个人都有不太光彩的过去，或者有身体或性格上的缺陷，而这些就构成了一个人的短处。每个人的短处都是不愿意让人知道的。所以，与人相处时，即便是为了对方或为了大局而必须指出对方的缺点、错误时，也要讲究正确的方法、策略，否则不仅达不到本来的目的，还可能会惹下麻烦。

另外，你需要格外注意的是：得意时就少说话。当你有了得意之事，不管是升了官、发了财，或是一切顺利，切忌在正失意的人面前谈论，如果不知道某人正在失意也就算了，如果知道，绝对不要开口。就算在座没有正失意的人，但也总有景况不如你的人，你的得意还是有可能让他们反感；人总是有嫉妒心的，这一点你必须承认。

所以，切忌在失意人面前谈论得意之事，因为你的"得意"就是在戳失意者的"痛处"。

有一次，小王约了几个朋友来家里吃饭，这些朋友彼此间都很熟识。

小王把他们聚在一起，主要是想借着热闹的气氛让目前正陷于低潮的小刘心情好一些。

小刘不久前因经营不善结束了一家公司的经营，妻子也因为不堪生活的压力正在与他闹离婚。内外交逼，他痛苦极了。

来吃饭的朋友都知道小刘目前的遭遇，大家都避免去谈与事业有关的事，可是小孙因为刚发了大财，赚了很多钱，酒一下肚便忍不住开始谈他的赚钱本领和花钱功夫，那种得意的神情让在场的每一位朋友看了都有些不舒服。自始至终，失意的小刘都低头不语，脸色非常难看，一会儿去上厕所，一会儿去洗脸，后来还是提早离开了。

小王送小刘出门，走到巷口时小刘愤愤地说："小孙有本事赚钱也不必在我面前吹嘘嘛！"

小王非常了解他的心情，因为在十年前小王也有过低潮期，当时正风光的亲戚在小王的面前炫耀他的薪水如何高，年终奖金如何多，那种感受就如同把针一根根插在心上一般，说有多难过就有多难过。

失意者对你的怨恨多半不会立即显现出来，因为他们此时无力显现，但他会透过各种方式来泄恨，例如说你坏话、扯你后腿、故意与你为敌，其主要目的就是要看一看你得意到什么时候。而最明显的则是疏远你，避免和你碰面，以免再听到你的得意之事，于是你不知不觉就失去了一个朋友。

不管失意者所采取的泄恨手段对你造成多大的损伤，至少这是你人脉资源上的危机，对你绝不会有好处的。

既然揭人短、触痛别人有如此大的危害，那么，怎么才能做到在为人处世中尽量不揭人之短呢？下面这几条意见也许会对你有所裨益：

必须通晓对方，做到既了解对方的长处，也了解对方的不足，这样才能在交际中做到"知彼知己，百战不殆"。因为每个人都会有自己的个性和习惯，有自己的需求和忌讳，如果你对交际对象的优缺点一无所知，那么交际起来，难免踏进雷区，触犯对方的隐私。

要善于扬善弃恶，在做人处世中要多夸别人的长处，尽量回避对方的缺点和错误。"好汉愿提当年勇"，又有谁愿意提及自己不光彩的一页呢？特别是有人拿这些不光彩的问题来做文章，就等于在伤口上撒盐，无论谁都是不能忍受的。

有时候，对方的缺点和错误无法回避，必须直接面对，这时就要采取委婉含蓄的说法，淡化矛盾，以免发生冲突。而在现实待人处世中，我们周围许多人说话往往太直接，结果好心办了坏事。如果在某些情形下必须指出对方的缺点和不足时，要顾及场合，别伤对方的面子，尤其注意不要在对方下属或家属面前批评对方。